ANTICIPATE
预见力

预见未来、改变当下的沃顿领导课
THE ART OF LEADING BY LOOKING AHEAD

（荷）罗布-简·德容 著　　王岩松　丰慧 译

化学工业出版社
·北京·

Anticipate:The Art of Leading by Looking Ahead.
Copyright © 2015 by Rob-Jan de Jong.
Published by AMACOM，a division of American Management Association,
International, New York.
All rights reserved.

本书中文简体字版由 AMACOM 授权化学工业出版社独家出版发行。
本版本仅限在中国内地（不包括中国台湾地区和香港、澳门特别行政区）销售。
未经许可，不得以任何方式复制或抄袭本书的任何部分，违者必究。

北京市版权局著作权合同登记号：01-2018-1846

图书在版编目（CIP）数据

预见力：预见未来、改变当下的沃顿领导课/（荷）罗布 - 简·德容（Rob-Jan de Jong）著；王岩松，丰慧译 .—北京：化学工业出版社，2018.7
书名原文：Anticipate:The Art of Leading by Looking Ahead
ISBN 978-7-122-31799-5

Ⅰ.①预… Ⅱ.①罗… ②王… ③丰… Ⅲ.①领导艺术-研究 Ⅳ.①C933.22

中国版本图书馆 CIP 数据核字（2018）第 054418 号

责任编辑：王冬军　葛亚丽　　　　装帧设计：水玉银文化
责任校对：宋　夏

出版发行：化学工业出版社（北京市东城区青年湖南街13号　邮政编码100011）
印　　装：三河市双峰印刷装订有限公司
710mm×1000mm　1/16　印张16　字数220千字　2018年8月北京第1版第1次印刷

购书咨询：010-64518888（传真：010-64519686）售后服务：010-64518899
网　　址：http://www.cip.com.cn
凡购买本书，如有缺损质量问题，本社销售中心负责调换。

定　　价：48.00元　　　　　　　　　　　　　　　版权所有　违者必究

谨以此书献给我的父亲,他的人生观一直激励着我——
希望您仍然还在注视着我。

目 / 录

前言

引论

神秘的概念　// 1
愿景这个东西　// 3
环境敏感　// 5
短期主义　// 7
高瞻远瞩的语言　// 8
斗争　// 9

第一部分　愿景内容

第1章　基本原理

你的个人愿景　// 13
愿景101　// 15
变革型领导　// 19
"六次通过阿尔普迪埃"活动　// 21
核心部分　// 24

喻理、喻情和喻德　// 25
黑暗的一面　// 27

第 2 章　开发你的想象力

焕然一新的饭店　// 30
生活在当下的N.N　// 32
未来的意象　// 33
《爱丽丝梦游仙境》　// 34
图表、假设与架构　// 36
双面朋友　// 38
永恒的真相　// 39
大幻觉　// 41
认知失调　// 44
神经网络　// 46
突破架构　// 47
真有趣　// 48
水平思考　// 49
谷歌会怎么做　// 50
蓝色海洋　// 51

第二部分　愿景练习

第 3 章　开发你的愿景能力

愿景之鞋　// 55
学习，而非天生　// 57
集装箱的诞生　// 58

发展架构　// 60
及早发现　// 61
串连要点　// 63
2×2　// 64
跟随者　// 66
潮流跳跃者　// 67
历史学者或愤世嫉俗者　// 68
愿景型领导者　// 70
深化架构　// 71
自恋歧义　// 75

第4章　及早发现

减少考虑不周的事情　// 79
信号与噪声　// 80
汽车相撞理论　// 81
市场转变　// 83
会议室里的玩具　// 85
启动效应现象　// 86
未来启动效应　// 86
未来事实　// 88
更多表现　// 90
四个黄金法则　// 92
思想的给养　// 96
没有交通标志　// 97
理论联系实际　// 98
激发创造力　// 100

第5章　串连要点

2005年6月12日　// 102
比利时故事　// 105
黑天鹅?　// 107
视野狭隘　// 109
非理性法则　// 111
架构盲区　// 112
过分自信　// 114
神秘的大师　// 116
创造未来的记忆　// 118
壳牌的觉醒　// 124
富通集团的陨落　// 127
群体思维　// 128
那又怎样?　// 131
才华横溢还是愚不可及?　// 132
负责任、有远见的领导才能　// 135

第三部分　预见自我

第6章　你的愿景

关于如何成为有远见的领导者　// 141
自我!　// 142
乌松的杰作　// 143
从埃菲尔铁塔跳下　// 147

热情和真实　//　149
发现模式　//　150
柯维、故事和珍珠　//　152
与现实斡旋　//　157
达能生态系统　//　159

第 7 章　有意识的行为

太阳能公路　//　164
专念还是思维惰性　//　166
愚蠢的一致原则　//　168
专念，带上两个　//　171
好奇　//　174
有力度的问题　//　176
谈话惊喜　//　179
进入实践　//　181
为实践重新划定范畴　//　182
新信息练习　//　183
多角度思考训练　//　185

第四部分　愿景沟通

第 8 章　激励跟随者

保健因素　//　190
葛底斯堡演说　//　193
语言的力量　//　195

驮马动词　// 197
损失的概念　// 200
一幅图画胜过千言万语　// 202
值得纪念的隐喻　// 203
可执行的类比　// 205
让我来给你讲个故事……　// 207
有灵魂的数据　// 209
乔布斯和波许　// 212
愿景清单　// 213

附录　策略性调查问卷

通用问题　// 218
顾客和市场　// 218
国际化　// 219
产业结构和竞争　// 219
创新　// 220
总结　// 220

致谢　// 221

注释　// 223

前 / 言

30年前，我还在上高中，学校的校长兼任我们的德语老师，他为人很是严厉。高中毕业典礼上，他对我总是提出质疑的做法颇有微词。在对我的父母说了一些客套话后，他提到，他会记住我这个爱提出不同观点的机灵学生。我想，校长的意思是，他不喜欢我自作聪明、刨根问底。

我在欧洲长大，确切地说，是荷兰。

20世纪80年代初，我正在读高中，那个时候，有关诸如美苏之间疯狂的核军备竞赛、罗纳德·里根的"星球大战计划"以及许多其他东西方关系之类的政治话题辩论得非常激烈。校长是公认的稳健人士，我与他不同。后来我换了一个班，发现我的新老师也倾向于我的观点，于是我又变成了支持校长的一方。不为别的，就是为了和新老师辩论。

对年轻人来说，这样做的意义也许比单纯地认识其周围的世界更重要。我痴迷于辩论，对不同的论点感到好奇——不管是何种论点——这使得我从来不会只用一种观点看问题。这听起来有些匪夷所思。后来，年龄慢慢增长，但我的好奇心并没有消失，我将其转化成为研究和探索的兴趣所在，开始向那些看起来理所当然的事情（当然要控制住令人恼火的因素）发起挑战。

有些事情看似平淡无奇、简单明了、易于理解，但是仔细推敲之后，你会发现完全没那么简单。正是这种热衷于质疑的魔力，促成我写出本书。在探讨预知未来的艺术之前，我们先深入研究一个貌似简单易懂的概念——"愿景"，这个词也经常用于商业和政界领导学研究领域。有的学者将其视为领导力的标志性特征，有的学者把它列为核心主题之一，甚至还有的学者将其放在另一个研究平台上——总之，你会发现几乎没有人不把它视为一个重要的领导力主题。在现实生活中，愿景的重要性也是显而易见的。比如在商界，我们经常会听到人们抱怨自己的上司没有愿景。

但是，培养我们自己的愿景绝非易事。我们会怀疑，它是否真的那么重要。即使我们相信它很重要，也不清楚该怎样预测未来。一些非凡的领袖人物会为未来描绘出宏伟的蓝图，在我们看来，他们做得那么自然，那么轻而易举。但对于我们普通人来说，运用愿景制订计划、预测未来、激励他人却是那么的困难。并且在培养我们领导力的问题上，愿景并没有被列入重要的待办事项。

我发现这些矛盾之处很有趣。理论上，愿景本应排在待办事项之首，但实际上它却被排到了最后。我一直在想，为何我们在这个问题上如此纠结。具体地来讲，我们是如何与未来取得联系的？我们都非常痴迷于未来，都有自己的梦想和抱负，都会制订出自己的计划，我们中大多数人都希望做一些既有趣又充满活力的事情。因此，预测未来，想想自己将来会面临什么，一定是我们的兴趣所在。然而此刻与未来会在哪里脱节？或者，我们该怎样做，才能把它们联系起来呢？

为了进一步研究预测未来是如何有效（或者是无效）地影响领导者的，几年前我就开始了一项旨在评估该现象的调查。这项调查使用了能显示人们"对未来的关注度"的四级衡量标准,调查对象是210位从事各个行业的人。

在调查中,当被我问及具体怎样做才能与将来的发展保持联系时,他们的回答通常是"看报纸"、"与顾客或同事交谈",还有一些其他方法,比如"掌握最新的信息"。虽然这些都是很聪明的做法——我也支持你们继续这样做下去——但从关注未来和发展愿景能力这个角度讲,上述行为仅处在第一级的水平。你所在行业里的新闻和发展大多关注的是"已经发生的事情",或者最多是"发生了什么事情"。报纸上大部分内容介绍的是昨天已经发生的事,而不是明天将要发生什么事。所以,关注新闻也是处在第一级。我为各级行为设置了百分制标准,第一级行为得分接近满分。可以预料的是,各个行业的人都有可能关注新闻,因此得到高分并不令人吃惊。

第一级关注的是今天和昨天,而第二级开始涉及有意识地寻找能够提示未来发展的详细信息。阅读行业的分析报告和参加关于未来发展的会议都属于第二级的活动。对此,有一半的人给出了肯定的回答:47%的受访者在过去的6个月里曾经参加过一场关于其行业未来发展的会议或研讨会;大约三分之一(36%)的受访者最近几个月内曾要求同事做一份部门未来发展的分析报告;24%的受访者曾经请行业之外的专家做过此类分析。将这些数据平均起来或许不那么恰当,但是直觉告诉我们,进入第二级的人数至少是第一级的一半(见图1)。

第一、二级的共同之处,就是人们在被动地参与未来,这也是一、二级与三、四级的区别所在。你只是在享用别人的脑力劳动成果。孔子十分清楚被动接受与主

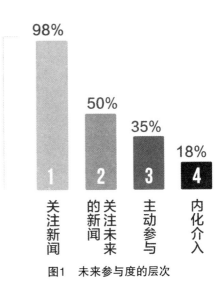

图1　未来参与度的层次

动参与之间的重大区别，他曾经说过："吾听吾忘，吾见吾记，吾做吾悟。"

新观念、新感悟和真实的体会来源于主动地参与未来，这就是第三、四级的显著特征。在第三级，你会主动参与到以未来为导向的活动中，例如趋势分析、建立模型、模拟或者利用其他能够起到支持作用的工具和技巧。主动参与并探究这些"可能会发生的事"，将会使你获得自身的领悟。这些领悟很可能对你预见未来的能力产生重大影响。

尽管在这方面的投入所取得的回报令人鼓舞，但在调查中，当人们被问及是否参与了第三级的活动时，持肯定回答的人数大幅下降，只占35%。

最常被提及的原因就是时间问题。许多领导者声称他们没有时间去"研究愿景这个东西"。所以他们把这项工作交给策略研究部门或项目组（更糟糕一点，交给某个咨询顾问）去做。实际上，这就使得领导者退回到了第一或第二级：被动地阅读别人的研究成果。

因此我们将在可以预测未来的第四级受益，而且会得到很大程度上的提高：持续轻松地获得主动、系统的愿景发展能力。第四级是奋斗的理想目标：你从第三级的领悟中受益，并且不会因其占用大量时间和精力而妨碍你预测未来。我们需要一种内化的工作方式，通过培养习惯和参与实践，从而不断提高愿景能力。我发现，只有18%的人能达到这最富有成效的层级。

总之，尽管人们已越来越意识到愿景能力的重要性，但是仍然缺乏对领导者该如何成功地预测未来、发展其前瞻性视野的认识。

在对这一问题进行了多年研究之后，我相信任何人都能提高，甚至大幅度提高自己的愿景能力。对那些并不想成为传奇领袖，而只想做一个好的领导者，将自己的团队和组织引向美好未来的人来说，这种办法同样——甚至是，特别适用。

想要进阶到第三和第四级别，首先需要有一个人，他能够运用综合的方法，将你的理性思维、想象力、情感、个性、价值观、行为和语言整合起来，进而帮助你发展愿景能力的各个维度。

对于你来说,这一切即将成为现实。我要帮助你达到第三和第四级,即具有创造性且轻而易举地就能预测未来的阶段,把你培训成最具未来意识的领导者。你的领导风格将具备前瞻性,你的观点、话语和行为将驱动和激励下属,使他们也能看到一个极具吸引力的未来,为了这个未来,他们会积极主动地工作。我相信你会感兴趣的,因为未来学家亚当·卡汉(Adam Kahane)曾经说过:你的余生将会在未来度过。

阅读支持

在本书的构思阶段,我一直在学术概念和实用观点之间摇摆不定。我不想把它写成缺乏学术理论支撑的、浅显的"实用技巧"手册,但也不想让我的书里充斥大量的学术名词,这样就会使得希望获得实用知识的读者负担过重。

培养强大的愿景能力需要整合创造力、心理学、策略学、行为学及叙事能力等多方面综合的知识与能力,所以要研究的领域很多。基于此,我在书中提供了许多学术研究概念,结合我从实践经验中得出的实用观点、实践工具和方法,这将有助于开发你的愿景能力。我将本书分为四个部分(见图2),即愿景能力发展的四个阶段:

图2　愿景发展的四个部分

第一部分：愿景内容

首先，我们着重探讨展望未来能力的重要的基石，比如强大愿景的重要组成部分（第1章）以及界定、形成、塑造愿景能力所涉及的概念，这些都是。要想出办法、形成愿景，就必须有开发想象力的能力，因此我们将研究怎样开发你的创造力和想象力（第2章）。

第二部分：愿景练习

在第二部分中，我们的重点是理解和构筑一个发展中的架构，不间断地、有目的性地培养你的愿景能力（第3章）。你将发现，指引你进步的有两个关键性发展维度：及早发现的能力（第4章）和串连要点的能力（第5章）。我们将在第4章引入"未来启动效应"（Future Priming）的概念，探索现实生活中的实用方法，进而形成这些维度。第5章着重研究如何培养创建一致的愿景能力，以及讨论视野狭窄的危险性。

第三部分：预见自我

在这一部分，我们将继续研究愿景能力的个人和行为维度，我们将阐述保证愿景具有真实性以及可靠性的思维模式、态度和价值观（第6章），以及能促进个人发展的有效行为和做法（第7章）。

第四部分：愿景沟通

最后，我们将讨论至关重要的一项能力，即如何准确地描述和强烈地表达你的愿景，也就是愿景沟通（第8章）。本章旨在使你的愿景不但进入下属的脑海里，还要扎根于他们的心中。

掌握技巧

我并不想强迫你接受本书的观点,因为本书将带你走上一段个性化的历程。它将引导你发现生命中的机遇,认清自身实际情况;它将引导你迎接未来的挑战,发挥自身的潜力,将这些想法付诸实践,体验它们,和它们作斗争,最终将其转变成可以运用自如的工具。

掌握技能是一个逐渐熟悉的过程(见图3)。开发愿景能力和你学习其他技巧或知识(诸如骑自行车、数学知识、科学技术和管理技巧等)是相似的。若想掌握发展愿景的能力,首先,需要培养自己的意识,理解其涉及的各种概念。其次,你需要付诸实践,发掘自己的才能——甚至可能是被埋没的才能。这种有意识的暴露能使你明白哪些方法对你是有效的,哪些是无效的。你将逐步由体会过渡到有意识地将新掌握的做法融入到领导艺术(贯彻过程)中。最终,愿景将成为你的第二本性,完全适用于你的个人风格和喜好(内化过程)。

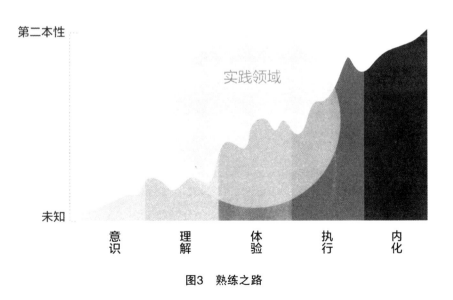

图3　熟练之路

引　论

任何事都是一样的，直至不一样为止。

——艾伦·兰格（Ellen Langer）

神秘的概念

"如果用一个词来定义领导力，你会想到哪个词？"在很多领导力培训班开始时，我都会向来自世界各地的高级管理者们提出上述问题。我很清楚他们会怎么回答。几乎每次他们都会提到"愿景"这个词。显然，这是理所当然的事情，作为领导者，首要的能力就是能看得更远，并且要有愿景。

但是接下来，有趣的事情发生了。既然都是管理者，于是我问他们是否有愿景。令人吃惊的是（也许大家不会觉得奇怪），只有寥寥几个管理者举手回答说自己有愿景。

这种反常的现象使我陷入思考。如果愿景是我们所认为的领导力应囊括的首要因素之一——至少理论上是这样——为什么在现实中有愿景的人却这么少呢？肯定不是因为不需要愿景。实际上，许多组织的基层人员最经常发的牢骚就是，他们的高管缺乏清晰的愿景。人们希望领导者能够具备预测未来、指明方向、用意深远、鼓舞人心这样的领导力。既然领导者和下属都对其重要性深信不疑，为什么有愿景的领导者这么少呢？

在一些人看来，愿景就像一幅精美的艺术作品：它高高在上，是我们这些普通人可望而不可即的。抑或是一种奢侈品，只有在闲暇时才能偶然欣赏一次；而如今的我们却太过忙碌，要处理太多紧急的事情，被看上去繁重的管理责任压得喘不过气。但是缺乏愿景真的是因为没有这种能力或者没有时间吗？还是另有原因？

我在思考这个问题时，也开始探究展望未来的艺术，尝试用"愿景"、"预见力"等此类词语表达这门艺术。你或许认为本书的主题和许多书籍、工具以及工商管理必修课没什么两样，都是旨在把你培养成具有愿景和以未来为导向的领导者。我们都知道健康的重要性，于是我们去查找市面上成千上万种教人拥有健康生活方式的书籍。但对培养愿景型领导者来说，事实并非如此，这是因为几乎无法找到如何开发和培养预测能力的相关出版物。至少，对于这种重要的领导素质来说，目前似乎还没有完整、严谨而且实用的书籍。

因此我们只好将缺乏愿景型领导者归咎于不了解如何培养这种品质，缺乏相关的知识。这也说明人们尚缺乏相应的发展性辅导。归根结底，如果你对愿景的构成要素都缺乏清晰的认识，何谈发展自己的愿景？如果你想展望未来，做得更好，又该从何开始，将精力集中在什么方面呢？如果你不清楚这些，要培养自己的愿景型领导力就需要引导。什么也不做，只等着灵感闪现是不现实的。

本书从最广泛的意义上阐述"愿景"这个神秘的概念，通过培养领导者展望未来的能力，进而点燃下属的工作热情。本书将带领读者共同揭秘预见力，然而更为重要的是，领导者及其下属需共同努力，才能将这种能力付诸实践。我们将把愿景从神秘王国带到现实世界，指导那些想成为愿景型和激励型领导者的人们，希望这其中也包括你。

愿景这个东西

美国《时代周刊》于1987年1月26日刊登了一篇关于时任罗纳德·里根政府副总统的乔治·H. W. 布什的文章。众所周知，当时他正在准备竞选下一任美国总统。在《真实的乔治·布什》这篇文章中，记者罗伯特·阿杰米恩（Robert Ajemian）报道了这位总统候选人的政治立场和参选动机，最重要的是，如果他当选，他将如何领导美国。[1]

布什的一位好友向该记者透露，他曾劝布什退一步，到戴维营休养些日子，仔细思考一下这些重要问题。谁知布什却不屑一顾，并且恼怒地说："哦，你说的是'愿景这个东西'。"结果，布什根本没有听从这个建议。

略有政治智慧的人听到这个故事，都会对其嗤之以鼻。你可能还有印象，这则旧闻已经成为布什政治生涯的永久笑柄。实际上，时至今日这句话还挂在美国参议院的网站上，成为布什官方简历的一部分。[2] 有的人认为，布什在1992年美国大选中败给比尔·克林顿的主要原因之一，正是因为缺乏创造愿景的能力和主动性。[3]

人们常常拿这句话来嘲讽布什。比较公平地说，要掌握"愿景这个东西"绝非易事。我们当然希望堪称这个世界上最有权力的人对未来有更为明确的设想，但是也不得不承认，创造并且传达愿景，尤其是一个宏大而又诱人的愿景，是极具挑战性的。

创造愿景需要有观点，能引起人们的兴趣、满足人们的好奇心，因此理论上应该是能让人们振奋的、耳目一新的观点。要发挥你的想象力，跳脱固有的思维模式。要有虚心的态度，愿意倾听他人不落陈套的意见，然后以一种负责任的方式，将这些意见整合成你自己的观点。你要有清晰的基本立场，这包括你所坚持的价值观、你珍视的信仰、你做出的长久的承诺。

最后，你要有勇气宣布你的愿景，坚持你的愿景，敢于与不可避免的各种阻力作斗争。因为根据定义，有效的愿景应该是独创的，因此具有一定程度的挑战性，甚至还会有些许争议。归根结底，愿景不尽相同。愿景涉及未来，而未来又是未知的，所以愿景总是充满不确定性。由此这其中便出现了一个不利的因素：你的愿景可能是错误的。我们从小就被灌输这样的观念，认为犯错误是不好的，殊不知，正是这种观点束缚了我们的创新能力。正如教育学家肯·罗宾逊（Ken Robinson）曾说过的："如果你没有做好犯错误的准备，那么你永远不会有创造力。"

现在，我们都认为领导者需要具备展望未来的能力，但是我们还不知道该如何开发并提高这种能力。关于这个问题也存在许多误解。其原因可能源自人们认为它太耗费时间了，或者我们短期内的事情太多，无法集中精力先考虑它，抑或是认为这种能力是与生俱来的。哈佛商学院教授约翰·P. 科特（John P. Kotter）也有同样的困惑。在其代表性文章《领导者真正要做的事》（What Leaders Really Do）之中，他这样写道："多数对愿景的讨论都有将其退化到神秘主义的趋势。讨论最终的言外之意就是愿景是神秘的东西，别说普通人，就是天才也没有预测未来的能力。"[4] 但是开发强大的愿景虽然不容易，但也不是魔术，让人琢磨不透。

实际上，本书的前提是我们都可以成为愿景型的人。我认为"愿景"（我们在书中还会再讨论这一概念）既没有传奇色彩，也不是与生俱来的。相反，我认为这种能力是可以开发的，是实用的、真实存在的，任何人只要愿意花时间学习，都能拥有这种能力。它与打高尔夫球或者打网球很相似：我们都能学会这些体育活动。当然，有的人勤于练习、坚持不懈，或者，有的人凭借其运动天分，他们打得就会比别人好一些。但练习和毅力相比于天分的确能大大提高你的水平。

我认为你能给予下属的最好的东西就是启迪和目标。本书旨在对你有所指导。你将有可能成为能真正启迪下属的领导者，充满活力、激情和价值。换句话说，你将能够理解并驾驭展望未来的艺术，真正掌握"愿景这个东西"。

环境敏感

关于愿景是领导力的重要组成部分这一论点，我们需谨慎对待。为了深入了解领导力制胜的秘诀，哈佛大学的安东尼·梅奥（Anthony Mayo）和尼汀·诺瑞亚（Nitin Nohria）对20世纪最有影响力的100位商业领导者进行了一项大规模调查。[5] 调查结果详细地记录在了他们的书《他们的时代》（*In Their Time*）中，从中我们可以了解他们对"愿景这个东西"的许多深刻见解。还是先来看看他们的统计数据及发现吧。

为了确定有哪些人是具有影响力的领导者，即塑造了我们如今生活和工作方式的人，梅奥和诺瑞亚向7000名行政管理人员发放问卷，让他们列出1000个领导者的名字。受访者还被问及他们对"伟大商业领袖"的定义，即哪些因素铸就了领导者的伟大。

对于第二个问题，回答集中在以下5个因素上（见图1）：

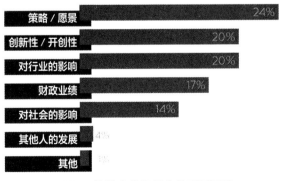

图1　铸就商业领导者的重要因素

排在第一位的因素是表达和驾驭公司策略或愿景的能力。约有四分之一的受访者将该品质排在首位。紧随其后的是"开创性"和"对行业的重大影响"。有趣的是,外部导向因素(愿景、开创性和对行业的影响)竟排在了财政业绩这种内部导向因素的前面。

梅奥和诺瑞亚确定并研究了三种典型的高管原型:企业家、领导者和管理者。无论对个人还是组织来说,每一种原型的代表都取得了重大的成就,作者做出如下结论:

> 长期成功并不是源自单纯的个人性格魅力。没有对环境的敏感性,就不可能达成长期成功,甚至存在被竞争者超越或因骄傲自大而落后的危险。可以说,公司不会在与世隔绝的环境里成功或失败。[6]

领导学研究专家沃伦·本尼斯(Warren Bennis)将这种关键的因素称之为适应能力,即能与外部环境发展协调,并相机行事的能力。正是由于具备这种预测并参与多变未来的能力,组织及其领导者才能够取得长期的成功。《长寿公司》(*The Living Company*)一书的作者阿里·德赫斯(Arie de Geus)终身致力于研究未来导向和学习型组织,他在壳牌公司时做过一次调查,发现大多数商贸公司的存在时间都不长。[7]它们早早便夭折了,很少有超过人的平均寿命,即75年的。

不过,也有存在时间很长的公司。世界上有很多公司已经经营了上百年。德赫斯研究了那些历经百年沧桑而挺立不倒的公司,发现它们有一个共同点,即都有强烈的环境敏感性。这些公司善于预测,总是保持警觉,能适应并及时调整多变的外部环境。[8]

因此,环境敏感和适应能力是开发愿景能力的重要因素。基于此,我们将把它们摆在突出位置,详细介绍培养这些能力的实用方法。

// 引论 //

短期主义

要以更开阔的视野了解"愿景这个东西",我们必须先看看它的对立面。

回想2008年,全球金融危机占据着当时的新闻头条,人们对这场危机的探究至今仍未停息,世界各国仍陷入这场危机之中而不能自拔。金融系统的崩溃是全面而又复杂的,因此各种指控也众说纷纭:贪婪的银行家和对冲基金经理人受高额红利预期的驱动;宏观调控者的不作为;中央银行管理者不负责任,将利率维持在较低水平;评估机构没有恰当地评估风险;政客们不切实际,知丘而止;不计后果的消费者过度透支消费。

他们都为金融危机的发生起到了推波助澜的作用。他们也都尝到了同一种顽疾——所谓的"短期主义"的苦头。他们重视短期效益胜于长期效益,而无论在个人、组织还是社会层面,这些短期行为的后果其实都是可预测的。哈佛商学院教授、美敦力公司(Medtronic)前首席执行官比尔·乔治(Bill George)在一篇反思文章中这样写道:"任何有意拖延长期战略而让短期行为起作用的人,其实都已经在失败的路上了。"[9] 他非常关注华尔街过度的导向作用和激进的股东追求短期收益而造成的负面影响。作为长期主义的支持者,他的建议是:"公司的管理层和董事会要对长期目标和战略达成一致意见,并且让投资者也认可这一目标,这一点非常重要。不要让股东控制你,而是你要控制股东。你要明确表达出你将要做什么。"

因此,他不仅仅将矛头指向外力因素,而且还强调了为了应对压力,培养清晰的以未来为导向的视角的重要意义。其实这并不是什么新观点,只不过是从重创我们的金融危机中得出的惨痛教训而已。

2008年全球金融危机爆发,5年后,麦肯锡咨询公司的调查表明,很多人并没有从中吸取教训。调查中有63%的管理者承认,危机爆发后,要求获得高额短期利润的压力比以前大了。约五分之四的管理者(79%)表示,在两年内将利润最大化仍是他们优先考虑的问题。[10]多数（86%）管理者宣称，在做决策时运用长远眼光确实能对公司业绩产生积极作用。看上去人们似乎已经意识到了这一点，但遗憾的是，尽管有金融危机的惨痛经历，管理者们还是没有吸取教训。短期主义非但未被抛弃，反而有上升的势头。如今，许多金融机构利用公众资金摆脱了困境，当初做事不计后果的他们又慢慢恢复了信心，正在呼吁取消严格的监管。

我们应该吸取历史的教训，但是短期内的成功却阻碍了我们用长远的眼光看问题。

高瞻远瞩的语言

幸运的是，还是有些许领导者从他们过去的错误中接受了教训。2012年上任的巴克莱银行董事会主席戴维·沃克（David Walker）先生公开承认，银行家的短期投资行为已经造成了巨大损失。[11]而2009年上任的联合利华首席执行官保罗·波尔曼（Paul Polman）也不再是说说而已。波尔曼认为短期投资焦虑势必将阻碍他为公司的未来、为了获得长期利润而制订的结构性调整计划。他给公司（还有他自己）设定了宏大而富有挑战性的变革目标，其中包括将联合利华产品的温室气体排放量减少50%，全部采用可持续发展的原材料，承诺改善100万人的卫生条件。他承认这种转变需要时间和毅力，前方不会是一片坦途。短期投资者不断给他泼冷水，于是波尔曼每个季度都公布收益报表，并且宣布不再欢迎对冲基金的投资，[12]对这家公开上市的跨国公司而言，采取这些举措无疑是迈出了较大并且颇有争议的一步。

沃克和波尔曼这样的领导者面临着强劲的对手。短期主义思想是根深蒂固的，倾向短期主义的投资者其影响力也在不断扩大。但与此同时，另一项研究表明，一味地将错误归咎于外部因素引发的短期主义的想法太过简单。[13]弗朗索瓦·布罗切特（Francois Brochet）、乔治·席拉费（George Serafeim）和玛丽亚·鲁密欧提（Maria Loumioti）分析研究了2002~2008年间3600余家公司超过70000次会议上所使用的语言。通过计算使用表示短期和长期含义的单词和短语数量，根据他们所使用的词语判断，那些强烈倾向于短期结果的公司更吸引短期的投资者。短期主义的部分原因其实是公司自愿的，而不是外部投资者强加给公司的。

总的来说，家族式企业在金融危机中的表现要好于其他按市场规则运营的企业，人们对这一点并不吃惊。斯泰恩·斯温克尔斯（Stijn Swinkels）是巴伐利亚啤酒酿造公司的第七代传人，该公司是一个家族式企业，他常说："这个公司是从我们的孩子那里借来的。"与那些总想着"季度收益"和"为股东增加利润"的经营理念相比，这种观念指导下的经营行为就不太会远离长期主义。

好的一面是，正如保罗·波尔曼所发现的那样，通过在业务交流时调整眼界，管理者可以影响他们所吸引的投资者类型。缺乏长期观点或者缺乏规划和交流能力不但不会吸引志同道合的投资者，还会固化思想和行为上的鼠目寸光。因此，管理者需展现出强大的愿景能力，以吸引不同类型的投资者。

斗争

愿景能在与短期主义的艰苦斗争中胜出吗？这是一个棘手的问题。短期主义是培养组织和个人愿景能力过程中最大的敌人。令人神往的愿景通常不会有迅速的资金回报。事实上，强大愿景可能直接导致无法取得阶段性成果。这种恐惧通常会阻碍领导者实施企业转型，尽管有时他们也希望促进这种变革。

再来回顾一下比尔·乔治的观点，他强调高瞻远瞩在当今领导力中的重要性。他说："在当今的制药业、汽车工业和食品加工业，如果你的规划少于7~10年，便不能将企业战略落到实处。因为落实战略就是需要这么长的时间，尤其是对于那些正经历着文化变革的公司，可能要花上将近10年的时间。"[14] 来看看出版业的情况：在10年的时间里，《新闻周刊》的订阅量和广告收入分别减少了50%和80%，2012年12月，最后一期《新闻周刊》印刷出版。（2014年3月，《新闻周刊》的所有权易主，其经营模式发生了改变，不再依赖于广告收入，新一期《新闻周刊》随后印刷出版。）

这就是出版业要面临的新情况。现在的读者正在老去，而新一代的年轻读者已习惯于阅读免费的电子刊物。由此导致的结果是，越来越多的广告商涌向了电子媒体，出版业的第二大收入来源正在日益减少。出版商很快就面临多种选择：像《新闻周刊》那样停止出版印刷版，或者寻找到新的盈利模式，获得重生。（第三种就是不管不顾地将头埋进沙子，等着一切烟消云散，这种做法在当前还是很盛行的。）

多数管理者倾向于第二种选择，即变革。正如比尔·乔治所指出的，变革的速度会很慢且收效甚微——至少在可预见的未来是如此。然而从长远来看，这却是他们的唯一选择。如果你正经营着一家出版社，那么你对未来最好要有一个催人奋发的愿景。做到这一点并非易事，但你必须要将它列为当务之急。要做好与短期主义做斗争的准备。股东也需要具有长远眼光，愿意给你留出变革的时间。保罗·波尔曼清楚地知道这一点：只想着迅速获利（尽管他们从未承认过）的以短期主义为导向的对冲基金经理们不会在带领公司前进的进程中占有一席之地。

总的来说，强大的愿景不仅是好听而已。它是变革型领导者最重要的工具。"有愿景者，事竟成。"乔治·华盛顿·卡弗（George Washington Carver）曾夸张地说过。你需要一个引人入胜的故事激励下属参与变革，使他们也具有长远的眼光。但是怎样才能做到呢？这才是真正的问题所在。我们将从这里开始讲起。

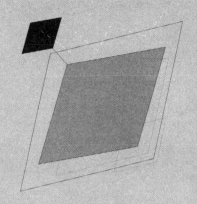

第一部分
愿景内容

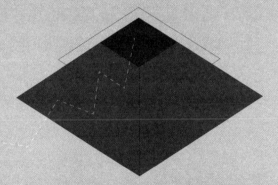

基本原理

开发你的想象力

第 1 章
基本原理

> 大多数时候，只有未来才能引发人的梦想，激起希望，造成恐惧。是未来而非过去掌握着人类生存之谜的关键。
>
> ——弗雷德·波拉克（Fred Polak）

你的个人愿景

我思考"愿景"一词有很长时间了。在过去的20年时间里，我一直从事激励领导者的工作，我发现，无论是在公司的会议室还是商学院的课堂里，这个词一旦提出总是会引起激烈的争论。诸如公司的愿景、领导者是否有愿景、公司网站上平庸或不切实际的愿景，以及拥有愿景到底有没有实用价值之类的问题，总是争论的焦点。我曾听到过这样的对话："最后，我们来谈谈真正重要的东西。""哦，拜托，别再谈论这么抽象的东西了，对我一点儿用处也没有。"

从这些争论中，我感觉到愿景这个东西既能激起人们的兴趣，又使人厌烦。我们尊敬那些看起来似乎已经掌握愿景的人和公司，但在自己追求相似的目标时却受到重重阻碍。多数人认为，如果了解并很好地实践，愿景将成为一种强大的思想；然而实际上，它是一种能够大大增强你的影响力的工具。在领导力研究领域里，许多受人尊敬的学者也把愿景摆在中心位置。哈佛商学院教授亚伯拉罕·扎莱兹尼克（Abraham Zaleznik）认为愿景是领导力的标志。[1]沃伦·本尼斯研究了许多领导者后，得出的结论是："领导者区别于其他人最显著的特征就是他关注自己的目标，他有强烈的愿景。"[2]

如果没有恰当地界定愿景，它很快将变得模糊不清，不完整且毫无价值，你也将失去对它的兴趣。因此非常有必要正确地理解和界定"愿景"的概念，在本章我会首先明确这个词的适用范围，然后再试着提高你的愿景能力。

首先，我要阐述公司愿景和个人愿景的区别。与大多数策略类图书通常都讲述公司愿景不同，本书自始至终将聚焦个人愿景。我的目标是增强你个人的愿景能力，这种强大的能力将大大提高你的领导力——不管你在公司里是否处于高管职位。

归根结底，愿景并不是高级管理者的专利。我便目睹过许多职位不高的人运用个人愿景激励自己的团队。下属们从他们直接上司的个人愿景里吸取了能量，而直接上司恰恰与其职业生涯密切相关。这种能量不依赖于公司的愿景，而是上司的个人愿景发挥了作用。正是上司展望未来的态度和超越当下现实的想象为员工们明确了工作的意义，指明了工作的方向。

诚然，在公司的大环境下，个人的愿景需要与公司愿景保持一致，要受到公司愿景的限制。但是在我看来，这只是问题的一个方面，正如你的个人愿景必须限定在伦理和法律规定的范围之内。这不是问题的关键所在。你诱人的想象包含了员工的所有期待，你的个人灵感对其至关重要。他们需要的是你的敬业精神和真诚的态度，你带给他们的应该是一幅蓝图，这比公司网站上的叙述重要得多。

我不是说公司的愿景叙述没用或者不吸引人。明确而有力的公司愿景叙述非常有用。微软公司最初的理念"让每台家用电脑都使用微软的软件"可谓是公司愿景叙述的典范。名气小一些的公司，比如前进保险公司①，也创造出了高水平的公司愿景叙述，其愿景是"致力于减少车祸带给人类的痛苦"。前进保险公司的经营方式与众不同，提供"不寻常"的产品和服务，开创了服务客户的新领域，在与同行业的竞争中脱颖而出。再来看看本和杰瑞甜品店的愿景："以最可能巧妙的方法，做最好的冰淇淋。"

以上是一些优秀的公司愿景陈述。可惜的是，这种出色的例子太少了。大多数情况下，公司的愿景陈述更适合市场部门，在经历长时间的争论后，成为公众熟知的流行语。这些陈述通常缺乏激励、出众、意义、可靠性等元素，而这些元素正是强大的愿景所应该具备的。

这就是公司愿景的现状。本书将要探讨的是你的个人愿景，即你需要培养令人信服的未来取向，进而激励你的下属。这是属于领导者的特质，不论你是领导3个人还是3万人，这种特质都能体现你的领导者身份，并且激励下属与你一同奋斗。

愿景101

在我们谈论本章的基础理论之前，先看一些基本的问题。

愿景是以未来为导向的，这听上去似乎是不言而喻的。因为它与未来相关，而未来从本质上讲又充满不确定性，是想象的产物。可能会存在一些信念、直觉和固有的模式支持你的想法，但是如果没有真实经验、研究和其他可靠数据的支持，这种想法也只能停留在空想的阶段。这就可以解释为何人们觉得预测未来是一件困难

---

① 前进保险公司（Progressive Insurance），是美国第三大财险公司，如今，它已成为远程信息处理技术领域的市场领军者。——编者注

的事，因为在企业经营的现实中，事实和数据尤为重要。所以展开想象是开发预见力过程中非常重要的一个方面。

愿景是一种特殊形式的观念。如果正确使用，它将会产生活力和灵感。良好的愿景鼓舞我们思考，提供许多新的可能性。这种创造力释放了童心和好奇心，进而产生了正能量。仅仅出于逻辑和推理是做不到这一点的，那样只会使我们停滞不前，阻碍我们的想象力。

强大的愿景至少要具备四个根本宗旨。

愿景旨在显示前方的路

愿景旨在为某个组织（或国家、团队以及任何其他机构）在前进的路上提供指导和方向。在传统的战略概念里，愿景是出发点。它帮助我们了解自己应该关注哪些重点，我们的目标是什么，要当心哪些边缘和限制，进而明确该如何设定优先次序，解决纠纷，迎接战略实施过程中不可避免的挑战。

以迪拜为例，仅用几十年，它就从一个位于沙漠里的村庄发展成为繁荣的国际金融中心和旅游胜地。这种发展得益于一个人的愿景，他就是谢赫·穆罕默德·本·拉希德·阿勒马克图姆（Sheikh Mohammed bin Rashid al-Maktoum）。穆罕默德意识到该地区的石油储备早晚会耗尽，于是他将迪拜转变成为一座不依靠石油也能兴旺发达的现代城市。谢赫著有一本书，书名恰好就叫《我的愿景》（*My Vision*），书中详细阐述了早在20世纪90年代初，他就致力于使迪拜沿着高速发展的方向前进，在他的管理下，迪拜将服务业和工业作为发展的重点。他的愿景实则是清晰明确、不容曲解的既定方针。

丰厚的石油收入帮助穆罕默德梦想成真，但其财富的积累并非得益于他的创新能力。从现代管理学角度来看，我们对这一地区贵族式的领导风格是持保留态度的。但反过来看，正是他优秀的展望未来的能力和清晰而又非常规的愿景使得迪拜成为该地区的佼佼者，这是显而易见的。与迪拜这座城市相邻的阿曼、巴林、科威特和卡塔尔等国都得益于巨大的石油储量，积累了大量的财富，而这些国家现在都要仰视迪拜，因为在可以预见的未来，它们的石油出口和收入都将开始减少，这是它们不得不面临的现实。然而这些国家已经落后于迪拜20年了，穆罕默德早就预测到了这种不可避免的变化，并且为迪拜规划了后石油时代的发展方向。

因此，愿景是战略历程的起始点，它保证了你能达到的高度，并且帮助你克服奋斗路上的任何障碍。著名的未来学家约翰·奈斯比特（John Naisbitt）曾经这样说过："战略计划如果不包含战略愿景，那么它将一文不值。"

愿景旨在延伸想象

强大的愿景旨在把我们从熟悉的领域带入未知领域，将我们思维里常规的边界延伸出去。1961年，美国总统约翰·F. 肯尼迪在国会联席会议上发言时宣布："在60年代末将人类送上月球。"这一目标延伸了一个国家的想象力。它不仅是爱国主义精神的源泉，还成为科技和教育创新的巨大驱动力。

应当承认，它是冷战紧张形势下的产物。美国陷入猪湾事件①的窘境及苏联成功发射载人宇宙飞船一个月之后，美国总统肯尼迪进行了这次演说。在仔细研究了各种选项之后，肯尼迪和他的高级幕僚认为，把人送上月球是所谓击败苏联的最好办法。然而这个挑战也是巨大的。肯尼迪强调："对人类而言，对远程太空探索来说，没有任何一个航天项目能与之相比；当然，其困难程度和巨额的花费也是无可比拟的。"

这是一个强大的、富有远见的愿景，它超越了平庸，将想象力延伸到非常规的领域，而没有落入荒谬的圈套——不然它会很快失去力量。

---

① 猪湾事件，即吉隆滩战役，是1961年4月17日，在美国中央情报局的协助下逃亡美国的古巴人，在古巴西南海岸猪湾，向菲德尔·卡斯特罗领导的古巴革命政府发动的一次失败的入侵。——编者注

愿景旨在挑战现状，突破现行模式

除了能够延伸想象力，成熟的愿景还能够提供新的、以前"看不见"的机会。挑战我们现有的思维方式将有助于使我们突破现行模式，寻找到新的工作、思考和行事方式。释放你的想象力，把自己从现行的假设、信念和教条的限制里解放出来，对培养你的愿景能力至关重要。在下一章我们将详细讨论这一问题，接下来我们先看看宜家公司的例子。

英格瓦·坎普拉德（Ingvar Kamprad），瑞典人，宜家公司创始人，当今最富有的人之一，他的愿景是："设计家具的快乐不应只由少数人享有。"他希望用较低廉的价格制造人们喜爱的多功能产品。

但这也是该愿景遇到无数困难的原因。它必须克服障碍，即现行的家具行业模式，否则它只能是一个梦想。坎普拉德要找到一个全新的办法，将价格降到平均水平以下，突破传统思维的模式（对家具行业来说，就是传统的生产、分销和销售模式）。他将家具部件和装配说明派送给终端用户，以此挑战整个家具行业的模式。坎普拉德创造了一种高效的模式，大幅削减了生产和分销成本。宜家的理念就是："你做一点儿，我做一点儿，我们一起就能节省许多。"这种理念准确地抓住了顾客想主动参与和省钱的心理。

试验、向传统挑战、不怕失败——这些都是成功的要素，而坎普拉德都做到了。当然，宜家从单纯的概念发展成为行业领先者的道路不是一帆风顺的，并不像几十年后我们讲故事这么简单。真实的历程充满了尝试和失误，其间有闪亮的创意，也有疯狂的点子（例如，"男士天堂"家具店专用区域，又被人戏称为"男人的托管所"）。但是在整个历程中主要的做法都是对现行信念体系的挑战，目的是为了获得"更好的未来"。这也正是强大的愿景所要提供的。

愿景旨在激励和动员

最后，强大的愿景旨在提供其他领导理论所不能提供的东西：它有激励你的员工的潜质。愿景激励人们在工作中尽最大努力。它把员工团结在共同的目标周围，赋予员工日常工作的意义，并动员他们共同行动。想想马丁·路德·金，史蒂夫·乔布斯，理查德·布兰森是怎样使他们的愿景变成现实的吧。

愿景不仅使那些传奇的、魅力型的领导者受益，还可以使普通人受益，不管他是谁，是彼得·卡皮腾（Peter Kapitein）、斯科特·布鲁索（Scott Brusaw）、昌达·科克哈尔（Chanda Kochhar）、约恩·乌松（Jørn Utzon）、泰格·克里斯（Taïg Khris），还是马尔科姆·麦克莱恩（Malcolm McLean）。可能你之前从未听说过他们，但在本书中你将读到他们的故事。

其实，他们都是再"平凡"不过的人——就像你和我一样——他们都能从愿景中受益，并动员、激励周围的人，怀着极大的热情以及积极的精神，突破各种固有模式的束缚，努力工作，向着理想中的目标奔去。

变革型领导

1977年，哈佛商学院的亚伯拉罕·扎莱兹尼克发表了一篇名为《管理者和领导者：他们是不一样的吗？》（Managers and Leaders: Are They Different?）的文章，这篇文章在管理学研究领域引起了强烈反响，并且引发了学术界针对领导力问题的激烈辩论。这是史无前例的事情。在文章中，扎莱兹尼克指出，管理学理论存在很大的偏差，关注的是理性和控制，研究诸如目标、组织结构和资源等主题；将管理者视为解决问题的人，他们凭借辛勤工作、分析能力和坚强的意志完成任务。但是他也指出："不幸的是，经营性的领导力却没有包含想象力、创造力，或者引导企业发展的道德行为。"[3]

扎莱兹尼克明确提出了激励、正直、情感投入、驱动力、动机之类在当时很新潮的概念，当然我们现在都会很自然地将这些概念与领导力联系起来。为了实现这种领导力，他强调了愿景的重要性：

> 当管理者面临有限的选择时，领导者对于长期存在的问题要有新办法，找出新的选择。领导者必须发挥其想象力，赋予选择以实质的内容，只有这样才能实施有效的领导。[4]

这种想象就是愿景。我们刚才提到的愿景的四个宗旨描述了领导者和管理者的主要区别。管理者的作用非常重要（不要低估做一个好的管理者的困难程度！），要使企业在正确的轨道上行进，其作用是必不可少的。与之相比，领导者的作用则有很大不同，这涉及变革，领导者需要激励和鼓舞人们向着新的目标努力。前文中提到的另一个伟大思想家约翰·科特，沿着扎莱兹尼克开创的道路进行了更深入的研究。在1990年发表的《领导者真正要做的事》一文中，科特写道："领导者真正要做的就是使组织做好应对变化的准备，在组织努力奋斗时为它们提供帮助。"[5]为了实现组织上的变革，领导者必须延伸想象力、挑战现状、指明未来之路、突破现行的模式、激励和动员人们追随……换句话说，领导者需具备愿景产生的所有要素。

那么愿景是如何与现代的领导力理论联系起来的呢？领导力的概念是不断变化着的，举例来说，有策略领导、情境领导、诚信领导、魅力领导、团队领导、仆人式领导、警觉式领导。自从扎莱兹尼克和科特将实现变化目标引入领导学领域，研究的重点大多数都转向了变革型领导，[6]强调内在的激励、员工的发展、灵感的激发和权力的赋予——在日益充满不确定性和复杂的世界里，这些元素都与关于如何取得成功的现代思维理论密切相关。

西密歇根大学教授彼得·诺斯豪斯（Peter Northouse）在其代表作《领导学：理论与实践》(Leadership: Theory and Practice) 中对变革型领导的定义是：

> 个人在与他人交往中产生联系的过程，提升了领导者和下属的激励水平和道德水平。这种类型的领导者有关心下属的需求和动机，试图帮助下属发挥其最大潜力。[7]

变革型领导的概念内容十分丰富，它包括道德标准、角色模式、伦理及其他一些重要概念。然而居于中心地位的还是具有吸引力的愿景的作用。诺斯豪斯写道：

> 愿景是变革型领导的焦点。它给予领导者和组织一幅概念地图，指明组织发展的道路，赋予组织以意义，明确组织的身份。此外，愿景赋予下属对组织的认同感还有自我效能感。[8]

因此，正像前言中介绍的那样，愿景可不是光说说而已。它不是我们思维天马行空的产物。它是现代领导学思想的奠基石，是领导工作的重要方面。

"六次通过阿尔普迪埃"活动

到目前为止，我引用了许多著名领导者的例子来证明我的观点。因为知名度高，所以用他们作为范例是很恰当的，但这样也会让我们普通人心里产生距离感。其实，愿景型领导不仅仅适用于那些魅力型的传奇式人物，它同样适用于在普通环境下工作的普通人。

彼得·卡皮腾是荷兰中央银行的项目经理，一个"普通"人。他的故事开始于2005年1月被诊断出淋巴癌。接受治疗后，他的病情得到控制。后来他与其他几个癌症患者以及自行车爱好者发起了为癌症研究募集资金的自行车赛活动。他们称此项活动为"六次通过阿尔普迪埃"（Alpe d'HuZes），这个名字是对具有传奇色彩的环法自行车赛中非常艰难的"阿尔普迪埃爬坡"赛段的幽默模仿。

该名称里的Zes，在荷兰语中表示数量"6"，因为它包含的意思是：卡皮腾和他的团队决心在1天之内不仅仅是要征服这个赛段1次，而是6次。换个角度可以这样解释：阿尔普迪埃赛段有21个需要导航才能通过的发卡弯，长度为13.8千米，平均坡度为7.9%。

这段令人生畏的爬坡难度相当大，职业赛车手通过需要1个小时，而受过良好训练的业余选手通过需要一个半小时。这段艰苦的爬坡，能通过1次就很困难了，而卡皮腾的团队却要1天内通过6次！

2006年，卡皮腾和一些朋友与支持者首次举办这项活动。如今，它已成为荷兰最大的为癌症研究募集资金的活动，2012年时，这项活动的参与者已超过15000名。"六次通过阿尔普迪埃"活动2006年时募集到40万欧元，现在它每年都能募集到2000万欧元。

尽管取得巨大成功，赢得广泛关注，这项活动的自行车爱好者仍面临着——并且将继续面临着——很多悲剧。

每年都有一些参与者在与癌症的抗争中失败，无法参与赛事，其中包括该活动的创始人之一巴斯·马尔德（Bas Mulder）。他从未放弃对生命的渴望，在癌症反复发作的情况下仍然坚持参赛。他的毅力和乐观的态度激励了无数人。2010年，24岁的马尔德因病去世。

在好友的葬礼上，卡皮腾发誓要找到同为癌症患者，巴斯·马尔德却没能坚持下来的原因。后来，卡皮腾创办了"渴望生命"网站［Inspire 2Live（www.inspire2live.org）］，该网站旨在将全世界顶尖的研究人员和机构团结在一起，共同与癌症作斗争。

在员工们的帮助下，卡皮腾几个月内遍访世界最著名的癌症治疗专家。2011年1月14日，他在阿姆斯特丹举办了名为"理解生命"（Understanding Life）的大会。他向所有与之交谈过的专家发出了邀请。那一天，有80名癌症研究方面的领军人物，包括多名诺贝尔奖得主出席了会议。

请想一想，为什么那么多著名的成功人士去参加由一个普通的银行经理筹办的会议？假设你是一位大名鼎鼎的医生或研究人员，你必然妥善安排和利用自己的时间，邀请你去参加的国际会议多的是，每天参加一个会都忙不过来。而尽管卡皮腾患病多年，了解了许多关于癌症的知识，但他并不是学术界人士，也没有什么优秀的研究成果——这些都不是吸引顶尖研究者与会的因素。为什么他们要不辞辛苦地来到阿姆斯特丹参加会议？

答案很简单。卡皮腾只将会议主题聚焦到一件事情上：他的愿景，即2020年前，癌症将不再是致命的疾病，而是一种慢性病。他不是在寻找医治办法，而是想找到控制癌症的做法，很像20年前医学界对付艾滋病的办法。这就是促使那些顶尖研究人物参与会议的原因。

全世界的顶尖科学家们热切地拥抱卡皮腾的愿景，他的愿景可以与肯尼迪提出的"在60年代末将人类送上月球"相提并论。会议最后，科学家们宣布卡皮腾的愿景是可行的。要实现这个愿景，难度不小，不会是一帆风顺的，也许它并不适合所有类型的癌症，但是人们开始重视并讨论不同癌症研究领域之间缺乏合作和共享研究成果的问题，这在历史上是第一次。共同的努力将大大加快目前的发展速度。这就是促使他们来到阿姆斯特丹，希望为共同的目标做出努力的原因。

通过这种方式，像卡皮腾这样的"普通"人，而不是传奇式的领导者，也使得"愿景这个东西"为自己服务，从而让"普通"这个形容词在他们面前失去意义。他提供方向，延伸想象力，突破固有模式，激励并动员一个庞大的群体一起向着愿景努力。

核心部分

到目前为止，我已经大体介绍了愿景的构成要素，它的四个主要宗旨，以及它对于领导者的作用。现在我们深入挖掘一下，明确愿景的具体的核心部分。

我们已经知道引导和方向设置的元素：即指明我们奋斗目标的愿景。方向设置的元素非常重要，因为下属们要利用它指导自己的决定，应该着手的工作，以及确定工作的优先次序。哈佛商学院的约翰·科特强调："领导的作用就是促成变革，因此设置这种变革的方向就成为领导的基础工作。"[9]

但这只是理性的部分，还需要一些别的东西，使它变得诱人而且强大。下属们需要感受到能够真正激发自身热情的东西。他们需要从情感上受到触动，需要激励和鼓舞。当这种情感维度与认知维度结合起来时，激励水平将显著提升。在本书第3章我们将探究愿景对下属的影响，并且会发现情感投入对下属的影响比理性因素的影响要大。

那么这种情感层面怎样才能成为愿景的一部分呢？怎样让你的未来导向的故事触动下属的情感，直达他们的内心呢？激发这种情感因素需要做到以下两点：

- **非常规**。打破常规能够引发好奇、兴奋、渴望、乐观、赋权等多种情感。我在前面引用过的肯尼迪总统的愿景便是一个例子。史蒂夫·乔布斯也是一位愿景大师，他抓住每一个机会，反复对下属说："在苹果公司，我们做着改变世界的事情。"乔布斯始终强调，苹果公司所做的一切都是非常规的。还记得那句"非同凡响"的广告语吗？在宜家公司坎普拉德的非常规家具制造模式中，在卡皮腾对待癌症研究的非常规观点中，我们都看到了不落陈套与激发情感二者间的联系。
- **建立与高尚事业的联系**。这种联系能够引发自豪感、归属感、自愿、热情、庄严、温暖、共鸣、信任等多种情感。要说明的是,高尚的动机不需要如希望地球和平一般嬉皮士风格又模糊不清。在苹果公司,"改变世界"就包含着一个高尚的动机:大幅度提高科技的普及率和利用率。坎普拉德的初衷是为了赚大钱,好像不那么高尚,但他的愿景是在挑战只有少数有钱人才能消费高档家具的不公平现象。

愿景的情感投入应至少包含非常规和高尚动机二者其中之一。当然,理想的愿景应二者都具备。想想卡皮腾的例子:2020年前将癌症由致命性疾病变为慢性病的主张就是既包含非常规又包含高尚性的。

喻理、喻情和喻德

方向设置和情感投入是构成愿景的全部部分吗?还不是。创造强大的愿景还需要第三个也是最后一个至关重要的构成部分。近2500年前,希腊哲学家亚里士多德就已经阐述过能促使人们跟随领导者的说服术。在《修辞学》(公元前350年)一书中,他写道:

> 通过语言劝说的说服术包含有三种模式。第一,当说话者让听者相信他的人格是可信赖的时候,说服术就成功了。第二,当话语触动听者的情感时,也可以说服听者。第三,当我们通过演说,列举出适合当前问题的论据,证明了某种事实时,说服术就起作用了。[10]

按照亚里士多德的理论,为了说服他人,领导者需要令人信服的论据(而不是命令),还要有引发的情感和可信度。现在我们将这三方面称为"喻理、喻情、喻德"——它们是说服力的基石。

"喻理"的意思是传达的信息要言之有理，经得起仔细推敲。听众必须能理解你想表达的依据。亚里士多德写道："当我们通过演说，列举出令人信服的论据，证明了某种事实时，说服术就起作用了。"如果论据不能在逻辑上保持一致性，听众就不太可能信服（或者至少不像我们所希望的那样信服）。换句话说，"喻理"就是愿景中确定方向的部分：下属需要清晰又合乎逻辑地知道，你要将他们带向何方。

以上只是认知部分的内容。亚里士多德指出，脱离了实际需求，仅仅有认知理解是不够的。下属在情感上也必须被你的语言打动。除了逻辑一致的论据，他们还需要一个更诱人的理由才能走得更远。正如亚里士多德所说："当话语触动听者的情感时，也可以说服听者。"我们将这种特点称为"喻情"，它与我提过的情感投入相关。回想一下非常规和高尚的事业（理想地相结合）共同创造出强大的愿景的方式：情感的投入超越了理性，使下属成为意义深远且持久的奋斗历程的一部分。

亚里士多德理论中的第三个因素就是讲话者的正直或人品。亚里士多德称之为"喻德"："听者认为讲话者的品质是可信的，说服术就成功了。"如果你的行为和正直水平与你的愿景不一致，如果下属不能把你的话和你的品格及行动联系起来，那么话语将被认为是空洞且毫无意义的。领导者需要多方面阐释他的愿景，将其与个人价值观、动机和深层次的情感结合起来。这就是众所周知的"言行一致"标准，由此标准，我们可能会信任或怀疑某个领导者。领导者提出一个新愿景时，我们常常会首先想到这个标准：领导者是真心想促成改变吗，或者只是说说而已？

喻理、喻德、喻情这三者听上去意义相近吗？记得彼得·诺斯豪斯对变革型领导的定义是："组织将向哪个方向发展的概念图"（愿景的喻理部分）；"赋予组织的意义，明确组织的地位"（与喻德紧密相关，涉及价值观、地位和正直水平）；"给予下属以组织内部的认同感和自我效能感"（喻情部分，涉及归属感和自豪感）。

我们将在第6、7、8章研究如何把喻理、喻德和喻情融入你的愿景和领导行为中。

现在我们把这些内容放一放，先来关注以下的知识，它对理解"愿景这个东西"是必不可少的最后一环。为此，我们需要进入"地下室"，甚至是"墓穴"才能看清楚。

黑暗的一面

现在，我希望你已经确信，诱人的愿景与强大的领导力是紧密相关的。很好。但是我想先给你的热情降降温，看一些现实的事例。我们要讨论的主题还有不好的一面，也是不应该忽略的一面。

因为具有激励和动员的功能，愿景若被用于不好的事情，它的作用也是相当大的。它能够说服人们参与欺诈行为。我们来看看能源巨头安然公司，它于2001年破产。就在破产的前一年，安然公司在《财富》杂志每年的"最受尊敬公司民意测验"中仍高居榜首，并且连续6年被评为"美国最具创新精神公司"。安然公司曾在多个场合表示，它要给美国能源市场带来革命性的变化。方向规划？具备。非常规？也具备。

但是这个诱人的目标也创造了一种文化，在这种文化氛围里，人们不仅具备较高的创业精神，还对欺诈行为熟视无睹。他们将可疑的商业行为视作合理的，认为任何能帮助他们达到"高尚"目标的做法都是正当的。公司的高层管理者全部把超乎常规的冒险看作司空见惯的事，无论是在会议室中还是团队建设中。对不断增长的冒险的痴迷催生了一种文化，那就是只奖励勇于挑战底线的人。这种愿景导致了许多人入狱，一家世界排名前五位的财务公司解体，导致了美国历史上最大的一起破产案。

此外，历史上的一些独裁者也有他们的愿景。他们都描绘过他们的"更好的"世界，从理论上讲，这些愿景都是非常规的且突破了固有的模式。他们展现了自己的能力，激励并动员了许多人，轻松地将他们所认为的扭曲的世界观与高尚的动机联系起来。

以上就是愿景造成重大危害的最明显的事例。这些事例经常与自恋式的领导风格相关。精神分析学家和人类学家迈克尔·麦考比（Michael Maccoby）指出，自恋式领导在世界陷入动荡时期时备受推崇，因为人们需要愿景型的领导出现。"自恋者更能理解愿景，因为他们天生就比别人看得远。"[11]麦考比说，"自恋式领导者通常都是优秀的演说家，这一天赋使得他们很有魅力。实际上，任何目睹过此类领导者演说的人都能够感受到他们的个人魅力，见识到他们鼓动听众热情的能力。"[12]不论情况多么动荡不安，人们都能感受到他们身上散发出的所向披靡的气势，而这种气势不知将会把人们带向何方。

还有一点需要关注，也是更难以了解的"黑暗的"一面——当愿景不在明处，而是在暗处偷偷地起作用时，不好的事情就可能发生。1662年，法国物理学家和罗马天主教神父埃德姆·马略特（Edme Mariotte）发现人的眼睛有盲点。[13]盲点是视神经穿过视网膜连通大脑的地方，人的眼睛在这个部位没有视觉细胞。所以从生物学的角度看，视野里就存在人眼看不到的地方。大脑只能根据已看到的推测看不到的，在这个基础上修修补补，"猜测"盲点里丢失的景象。而对大脑来说，猜测出的和看到的同样真实。

同样的情况也会发生在"愿景这个东西上"。总会有我们察觉不到的事情发生。首先，我们可能完全忽略征兆，看不到我们盲点（比喻说法）里的东西。这是有心理学原因的，我们经常看不到我们不想知道的事情。更糟糕的是，有时我们被鼓励去忽略征兆，特别是在我们的工作、与上司的关系或抵押贷款偿还等事项牵涉其中的时候。这种鼓励能有效地使我们忽略现实。[若要了解更多鼓励的"特质"，请参阅史蒂文·列维特（Steven Levitt）和斯蒂芬·都伯纳（Stephen Dubner）的《魔鬼经济学》。]

其次，同样危险的是，我们的大脑会修补被忽略的征兆——就像对待生物学的盲点一样——填补空白。我们使自己相信，看到了事实上并没有看到的东西。它可能是从未存在过的"被观察到"的征兆，或者我们把某种确实看到的事物改造成我们想看到的事物。心理学可以解释这种现象，在本书中我们将继续详细探讨。关键是它们模糊了我们的认知。事实是它们非常强大，非常容易使人轻信，因此我们在作结论时要格外小心。我们展望未来时，缺乏事实和数据，掌握的只是模糊的征兆、信念、假设和想象，所以明确这一点非常重要。

你的领导岗位越高，你的愿景越强大，对你所在的组织的未来和下属的未来影响就会越大，你越应该意识到愿景的不完美之处。我们永远不要低估愿景的作用——它可以发挥好的作用，也可以发挥坏的作用。

从第3章开始，我将详细阐述如何从愿景中受益以及应对它固有的危险。首先，让我们探究更好地发展展望未来能力和预见力的核心问题——充分利用你的想象力。

第 2 章
开发你的想象力

> 愿景是领导力的标志,它不太可能从文件中产生出来,而更可能是想象力的产物。
>
> ——亚伯拉罕·扎莱兹尼克

焕然一新的饭店

美国旧金山一家饭店的老板曾经向创意大师爱德华·德博诺(Edward de Beno)征求建议。他的饭店多年来一直深受社区居民的欢迎。但是随着经济的发展,周围陆续开了几家新的饭店。顾客从而有了更多的选择,因此这家饭店的收入逐渐减少。忧心忡忡的老板于是去寻求德博诺的帮助,想找到新的优势。

两人见面后,德博诺提出要看一看饭店的情况。于是老板带他参观了饭店的就餐区、厨房、储藏室、地下室和办公区。最后,他们在酒吧坐下,对老板表示谢意后,德博诺说:"你经营得真不错。我想问一下,最让你感到骄傲的是饭店的哪个部分？"老板不假思索地回答："当然是厨房。你看过里面的设备——那是最好的。工作环境也是完美的。我们的厨房能做出高品质、令人惊叹的食物，这是我们经营的核心，并且将继续保持下去。我们需要再提高厨房的水平，把顾客争取回来。"

思考了一会儿后，德博诺说："好吧，你想要重振饭店。厨房是你最引以为傲的地方。"又思考了一会儿后，德博诺突然说："把厨房拆掉。"

饭店老板吓了一跳，这可不是他期待或想要听到的建议。更糟的是，这会让他花一大笔钱。"什么，拆掉厨房？"老板掩饰不住内心的惊慌。"那是饭店经营的核心，是高品质的象征，也是我们的价值所在。"他生气地说。

"嗯，"德博诺平静地说，"如果你想重振饭店，就应该拆掉厨房。"

"但是没有厨房，我们怎么经营饭店？"老板抱怨道。

德博诺察觉到老板思维的细微变化——从起初的抗拒到产生了一丝好奇心。德博诺接着说："让我们想想，如果没有了厨房，你会怎么做？饭店会变成什么样子？人们来这里是为了什么？吸引他们的是什么呢？你要克服什么阻碍呢？"

尽管饭店老板非常疑惑，但他还是继续思考着这些问题。"你是说，我们不再经营饭店？"

"不，"德博诺说，"还是饭店，但却是没有厨房的饭店。"

疑惑的老板开始顺着德博诺的思路思考。"哦，至少我们能利用厨房的空间，将就餐区扩大一倍。"

"那样的话，对顾客有什么吸引力吗？"德博诺提示道。

"嗯，我们的就餐区很多年没有变样了，或许我们能趁此机会重新装修，让它显得高档些、宽敞些，甚至可以创造出多种不同的气氛，来配合顾客的心情。"饭店老板已经开始由最初的抗拒，向着没有厨房的饭店这一看似行不通的想法靠拢。"不雇用厨师的话，倒真的是一种解脱，因为在这个地方找个好厨师可太难了。但是需要解决一个大问题：怎么做饭呢？"

"是的，"德博诺说，"这是个问题。你有什么办法呢？"

老板想出了几种办法："让人们自己带饭来？提供宇航员吃的食物？提供一个小型厨房？或者在桌子上放置炉子让顾客自己做饭？"他又提出几种办法——有些不错，也有些很可笑——德博诺没有打断他，也没有给出评价。

最后，灵感来了。"等一下，"老板说，"我们可以从别的饭店订饭。附近有泰国饭店、印度饭店、西班牙饭店、葡萄牙饭店、埃塞俄比亚饭店、墨西哥饭店和意大利饭店。我们的饭店可以发展成接待那些饭店顾客的额外场所，我们能够提供最为丰富的菜品选择。近年来搬到我们社区住的人们肯定会喜欢饭店既现代又高档的风格。"他越说越兴奋，一个新的方案诞生了：将它转型成为一家和附近饭店达成后勤合作关系而供应菜品的时尚饭店。

6个月后，饭店再次成为社区的热门地点。这家时尚而亲民的饭店成了旧金山——或许是更大区域内能提供最丰富菜品的饭店。[1]

生活在当下的N.N

我已经多次明确过，"想象力"是愿景中"非常规"的源泉。前文中提到的为领导学做出历史性贡献的哈佛商学院教授亚伯拉罕·扎莱兹尼克，就强调了想象力的核心作用。扎莱兹尼克说："要取得成功，愿景与策略同样重要。企业领导者对企业的发展要有丰富的想象力。这些想象力——市场想象力、生产想象力及其他想象力——都源于感知能力。"[2]

如果没有想象力，你阐述的事显而易见，或者只是在维持现状，你的愿景则会空洞无力。如果有想象力，你的愿景将是富有趣味、令人激动、使人耳目一新的，它立刻就有了激励和动员的潜力。

"但我不是一个非常有想象力的人。"人们立刻对我说。从高层领导者到中层管理人员，全世界有很多人对我说同样的话。他们将想象力与奇特、无拘无束和艺术式的思维方式弄混了。诚然，这种思维方式是颇具想象力的，但这不是我们要讨论的问题。请你想一想：对于度假时要做什么，你是不是特别有想象力。展望未来、预测将要发生的事情的能力就是想象力的表现。它并不包含什么艺术式的或奇特的成分。这是我们作为人类独有的能力，这种能力将我们与其他物种区别开来。

在1981年的一起车祸中，有一个人的大脑额叶（大脑中负责制订计划等复杂认知功能的部分）受损，为了保护隐私，受害人被称为N.N。受伤后他丧失了计划未来的能力。当研究人员询问他设想未来的感觉时，他说："就像在一间空荡荡的房间，有人让你找一把椅子，可是房间里什么也没有。"[3] N.N可以与人正常且充满智慧地交谈，行为反应和获取知识的能力也都十分正常。但是他无法计划他的生活，不能想象未来的日子。

N.N生活在"永恒的现在"中，据说这种状态就是人类大脑在进化史上的最初阶段。只有在我们的大脑额叶进化到一定程度后，我们才有了感知过去、现在和未来的能力。随着想象能力的产生，我们逐渐获得了计划未来的能力，并且开始设想以后的日子是什么样的。人类从永恒现在的状态过渡到了可以预测未来的状态。换而言之，展望未来的能力是人类区别于猫、狗等动物的能力之一，据我们所知，这些动物都生活在"永恒的现在"的状态中。

未来的意象

早期未来学家弗雷德·波拉克在他的里程碑著作《未来的意象》（*The Image of the Future*）一书中，阐述了一个社会的形象和它的未来及活力之间重要的关系：

任何一个经历过文化起落的学生都会对未来的意象在历史进程中所起的作用产生深刻印象。形象的起落总是先于或伴随着文化的起落。只要社会的形象是积极向上、繁荣昌盛的，文化之花必然盛开。一旦形象开始衰落，失去活力，那么文化也将不复存在。[4]

波拉克阐述这种联系的半个世纪后，我们看到他的理论在印度、巴西、墨西哥、印度尼西亚等发展中国家得到印证。这些国家期望提高自身的生活水平，对未来报以积极的态度，人们受到激励和推动，充满生气、积极向上，具有创新精神。总的来说，他们共同想象并希望自己和下一代人都有美好的未来，因此他们也能接受当前某些不尽如人意的地方。

波拉克是未来学的先驱之一，他意识到形象对于社会活力的重要作用，领导者需要发挥创造力，创造并传达这种形象。他说："从精神上跨越未知领域的界限是人类所有创造力的源泉。跨越界限是人类的传统和任务，未来的意象是人类的驱动力。"[5]

领导责任的核心就是寻找、塑造和描述这种激励人心、充满希望的形象，激发人们对未来的设想，我们称之为愿景。如果按照波拉克的说法，我们也可以称它为"形象"。

《爱丽丝梦游仙境》

"形象"和"想象力"在语源学上相关，这不是巧合。实际上，想象力可以被定义为在思维里创造新的精神形象的能力。心理学家将想象力描述为"在思想中创造出来的信仰式的存在物"。[6]它就像牛津大学数学教授C. L. 道奇森（C. L. Dodgson）笔下的小女孩爱丽丝进入的神奇国度一样。1865年，道奇森以笔名路易斯·卡罗尔（Lewis Carroll）出版了《爱丽丝梦游仙境》，时至今日它仍是文学史上的经典。爱丽丝从一个处处拘于礼仪、古板迂腐的世界进入到了一个荒诞不经的神奇国度，各个年龄段的读者都被她的故事吸引，跟随她一起进行充满想象力的旅程。

  如果我能创造一个世界，里面所有的一切都是荒谬的。所有的东西都不是它们现在这个样子，因为它们本来就不是这个样子。相反，它们不是这个样子，但它们就是这个样子，你明白了吗？

——《爱丽丝梦游仙境》，路易斯·卡罗尔

你看懂了吗？

  我们的童心和想象力是学习的根本。没有想象力，就不会有发展和进化，就不会有进步。社会如此，我们个人也如此。发挥想象力对我们自身的发展，对开发非常规观念和发展愿景能力都非常重要。为了达到这一目的，我们必须投入创造力而不是我们理性的一面。阿尔伯特·爱因斯坦说过："想象力比知识重要。"

  但这也是困难所在。发挥我们的想象力和创造力，虽然说起来容易，但很多时候也只是说说而已。在现实生活中你该怎样做呢？把脚放在桌子上，眼睛看着窗外几个小时？我们有更要紧的事做，可不能像这样"浪费时间"，不是吗？如果想立刻得到从神经系统科学角度的回答，请参阅本章"神经网络"一节（或者听我慢慢解释，因为你很快就能知道答案了）。

  有趣的是，在我们小的时候，我们都有很丰富的想象力——不用看着窗外或者把脚放在桌子上。随便用上身边的任何东西、任何场景，我们就能编出许多情节曲折的历险故事。花园一分钟就能变成涌入成千上万球迷的足球场，接着又会变成满是狮子和蛇的丛林（我们甚至能"看得见"）。客观而理性的想法与儿童无关，我们完全沉浸在自己的奇幻世界里。

  长大后，我们的理性思维占了上风，创造性思维则逐渐沉寂了。种种社会规则命令我们"要行为正常"、"要现实一些"、"要成熟"。当我们进入成年期时，想象力、童心都被抛在脑后。以至我们再想发挥想象力时，却总是一无所获。

我们对成年人发挥想象力的过程知之甚少。我们知道是什么压抑了成年人的想象力，却不知道该怎样恢复它。詹姆斯·亚当斯在他的《观念风潮》(*Conceptual Blockbusting*)一书中，重点研究了使我们不能"换一个角度看问题"的障碍，并对它们进行了定义、分类和研究。在解决阻碍我们内心想象力的过程中，创造性技巧必不可少。当我们认识、明确并能解决这些障碍时，我们方能更好地开发潜在的创造力。

让我们来看一看这样的一些观念障碍，试着从中有所收获。如果你能接触到孩子，可以尝试这个办法：从路易斯·卡罗尔的作品中选取一个章节，给你的孩子（或别人家的孩子）讲故事，今天晚上就开始吧。不论是睡前还是吃饭时，你都可以讲，不要加入理性的思维，单纯地用故事创造一个神奇的、未知的世界。练习"故事空间"能使你以轻松的方式吸引孩子们的注意力，满足他们的想象力。通过这种办法，你可以恢复自己已经丧失很久的想象力——而且孩子们也会喜欢。

等孩子们睡着后，你可以反思一下自己是怎么做到的。用故事切入会容易一些吗？你觉得困难在哪里？作为讲述者，你觉得故事有什么神奇的地方？孩子们喜欢你创编的故事吗？他们为什么喜欢，或者为什么不喜欢？在明确了这些障碍之后，此类在家里即可以实践的方法就能够帮助你发挥想象力。

图表、假设与架构

为什么我们多数人都觉得开发想象力很困难呢？是什么阻碍了我们用另一种观点看问题呢？让我们看看抑制想象力发展的心理学原因。

生物化学家和认知科学家研究了被称为大脑协调功能的神经系统,它控制着血液流动、微笑、打网球等行为,有时这些行为是同时发生的。很多时候大脑是在无意识地协调这些行为。表面上看这几乎是奇迹——实际上,就是奇迹。认知心理学家为我们描述了整个过程是如何发生的。以下是一些基础知识,可以帮助我们了解想象力是如何产生(或者如何被抑制)的。

我们每天都会接触到海量的信息。我们看周围的世界,我们聆听、阅读,我们与人见面、交谈、上网,等等。我们接触到各种感观输入。这些刺激都是可感受的,但没有被全部接受——不然我们会疯掉的。

实际上,通过计算5种感觉的感受细胞及相关的神经传导路线,研究人员估计,我们每1分钟要处理1100万条感观信息。按照最粗略地估算,我们在同一时间有意识处理的感观信息只有40条,其余的信息都是无意识处理的。詹姆斯·亚当斯在他的《概念风潮》中写道:"在百万瓦特的世界里我们只有一瓦特的感觉。"[7]

这就是说头脑为我们过滤掉了许多信息。就在读这句话的时候,你也在经历着这一过程。你的感官能够感觉到噪音等许多信息,可能你都没有意识到。噪音可能是鸟鸣、洗碗机转动的声音,或是汽车行驶的声音,大脑"知道"需要处理这些声音,以免干扰阅读。

而另一些声音却能吸引我们的注意力。如果洗碗机发出奇怪的响声,或者汽车突然发出刺耳的刹车声,大脑就会停止阅读,以此提醒你注意。对数据的持续过滤是由大脑自动进行的——它不间断地判断什么信息应该处理,什么信息不应该处理。

因此,大脑决定应该注意和利用什么信息。为了顺利实现这一功能,大脑依赖于心理学上所讲的架构(也被称为概要、结构和类型)。这些架构简化并引导我们对复杂现实世界的理解,[8]使我们免于信息过载,帮助我们理解并保留有用的信息。它们"框定"我们观察到的信息,并将它处理成我们能识别的状态。架构是随着我们的成长、接受教育和阅历的增长而增长的，它们为我们提供了认知和阅历的基础。换而言之，架构非常有用。在进入某个房间的一刹那，我们就可以凭借架构识别一把椅子（或一个球、一支笔），即使从来没看过这种设计方式，我们也能识别。我们的感官架构将视觉器官接收到的刺激立即分类，因为它们能够识别我们通过长期观察掌握的各种物体的特性。在接收信息时，恰当的架构"从记忆中被提取出来"，将它与我们想识别的物品匹配起来。

双面朋友

尽管架构非常有用且有效（别忘了，要是没有架构，我们会因为信息过载而疯掉），但是它们也能引起麻烦。

有时这个思维朋友会将我们引向错误的认知，得出完全不合理的结论，并且使我们不愿去重新考虑那些结论。我们来看看这个过程有多么快。假设街角处站着一个人，身穿黑色制服，胸前佩戴着闪光的徽章。我们可能立即认为他是一个警察。因为对我们大多数人来说，对应黑色制服、徽章、街角几种要素结合的唯一架构就是警察。

我们不会想到，那个人可能是街头艺术家，可能是个女人而不是男人，可能是一个正赶往演出路上的演员，也可能是装扮成警察的银行劫匪，或者就是一个喜欢穿制服的人。此时，我们轻易做出的结论是带有成见的、缺乏创造性的和教条的。没有丝毫的娱乐成分和好奇心。而当我们知道真相——站在那里的是一个穿着黑色制服、戴着金色胸针的女人——的时候，我们会尴尬地苦笑一声，会脸红，然后主动换个话题。也许我们会自我辩解道："通常情况下，我是一个思维开放的人……"是不是这样？

再来看一个例子。弗雷德·琼斯（Fred Jones）回家乡时偶遇一个老朋友。"嘿，弗雷德，你好吗？我们有10年没见了吧。""是的，"弗雷德答道，"我很好——你怎么样？"那个朋友说："我结婚了，但你不认识我的夫人。这是我的女儿。"弗雷德低下头，问小女孩的名字。"我的名字和妈妈一样，"小女孩说。"原来你叫苏珊，"弗雷德说。他怎么知道小女孩的名字呢？

本章尾注将公布答案。但是不要急着看答案，先想一想。请别忘了，我们探讨的是思维架构问题——它是怎样帮助我们的，又是怎样妨碍我们考虑到各种选项的。[9]

永恒的真相

为什么我们——正常、理智、聪明且受过良好教育的人——会落入圈套呢？这涉及多个因素，我们在培养想象力时需要意识到这些因素。

首先，我们会无意识地认可大脑里已经存在的信念。架构将能够更新我们的想法和信念的数据、关键信息等统统过滤出去。然而，我们却坚持已有的信念，即使有证据表明摆在面前的信息是正确的，也不改初衷。架构帮助我们重塑认知，有时甚至用根本不存在的东西弥补它，就是为了使认知与我们倾向的信仰体系相吻合。这在心理学上被称为"光环效应"（halo effect）。保持心理一致是人的本性，所以我们总是按照已有的信仰体系或内心希望的方式来解读信息——这其实是有利有弊的。

假如你是一个网球业余爱好者，报名参加了地区级别的网球赛。你的第一个对手竟然长得与世界顶尖网球手罗杰·费德勒一模一样。你内心的恐惧油然而生，因为你已经将对手想象成和费德勒一样强大的人。你的架构会把对手塑造成那个移动迅速、正手和反手击球无比出色，仅靠发球就能击败你的费德勒。你的认知系统里充满了这些幻想。他只是长得像罗杰·费德勒，但他不是费德勒。他的球技可能很差。尽管如此，心理上你已经不占优势了。

我们的思维之所以落入了陷阱，第二个原因就是，我们的架构会越发倾向于比它们本身更加顽固。我们越是对头脑里当前的想法持肯定态度，我们就会越发相信这种想法。换而言之，我们的思维模式会随着时间流逝而逐渐牢固。被我们认可为真相的东西，会成为"永恒的真理"，我们的这种信念会变得根深蒂固，以至于把所有与其不一致的想法统统过滤出去。其结果就是它蒙蔽了我们的双眼，使我们无法从另外的角度看世界。本书第5章将详细阐述这个问题，在此，我想引用亚瑟·叔本华的一句名言："人人都把自己视野领域的极限当作世界的极限。"

更糟的是，如果有一种使我们坚持某种信念的诱因——比如奖金、诱人的职场前景，甚至怀有老板会喜欢自己的期望——摆在我们面前，问题会更加严重。我们自认为是情绪稳定、观点客观的人，但是心理学家的研究已经反复证明，事实并非如此。[10]对于大多数人来说，诱因能够创造出一套可能我们自己都不会引以为傲的心态和行为模式。[11]想想那些导致世界金融危机的银行家们，他们明明知道房价有下跌的可能（暂且假定他们懂一点儿起码的经济学知识，知道市场价格是如何浮动的），但是，在各种诱因的鼓励下，他们继续放宽逐利的借贷，放纵不道德的商业行为，编造故事，使他们的客户也认为房价只会升、不会降。为了适应这些商业行为，他们不但改变了自己的信仰体系，而且改变了自己的道德立场，以为会从中得利。有些人的确是居心不良的，但毋庸置疑的是，确实也有许多人真的"相信"，在房价持续上涨的情况下，这样做几乎不存在任何风险。有些专家也认为房价会继续上升。他们愿意听到支持房价上升的说法，所以他们对此积极回应。既然周围的人都"相信"，甚至那些被视作权威和专业的人也对此深信不疑，那还有什么可怀疑的，现实就以这样的方式被解读，从而与他们的心理保持一致（光环效应）。以上种种情况共同创造了"完美风暴"，一个巨大的架构陷阱就这样形成了。

就愿景而言，僵化架构的隐患是视野狭隘现象。如果某人不愿意换个角度看问题，拒绝任何与其信仰体系不一致的信息或论据（不论它们有多么清晰无误），这种现象就会发生。在第1章中我们已经提到这一问题，在第5章中我们将深入探讨这个问题（以及应对措施）。由于它与想象力相关，我们现在应该意识到并理解这种现象。毕竟，任何旨在增强创造力的工具，对于突破你自身的思维架构定势都是非常必要的，将目光投向假设的"真相"之外的空间，你才可能看到被漏掉的事物。

所以，架构的概念及其内在的顽固性使你能够了解究竟是什么妨碍了想象力的开发。开发想象力就是要保持开放性思维：在思想上要敢于挑战你信以为真的种种假设，需要时再重塑这些假设。

大幻觉

魔术师大卫·科波菲尔将自己锯为两半（有时一天锯两次），把里尔喷气式飞机、自由女神像和他的观众变得无影无踪。他自称是演艺界的科学家。科波菲尔曾经说：

> 舞台是我们的实验室，通过实验和失误我们了解到许多关于大脑内部的神秘运作机制。我们发现，借助技巧和有意的引导，观众的注意力在某个时刻会被引导到某处，以便我们制造出魔术的假象。实际上，这些假象不是在舞台上制造的，而是在大脑中制造的……我所应对的主要是知觉，它是基于生物学和心理学的。大脑——地球上最复杂的器官——是我表演魔术的真正舞台。手法没有眼睛快，但比知觉快。[12]

科波菲尔描述的实际上就是架构。大脑对我们自认为理解的东西进行分类的功能无比强大。我们想寻找真相,却被感知所误导。于是,科波菲尔使舞台上的里尔喷气式飞机消失时,我们觉得十分困惑。

现在来看看这个棋盘(图2-1),它是由麻省理工学院视觉科学教授爱德华·H.阿德尔森(Edward H. Adelson)于1995年发表的。图中的棋盘上有颜色不同的方格,右角处有一个圆柱体。由于图外有光源照射,圆柱体的阴影被投射在棋盘上。棋盘上的两个方格,标记为A和B,A在阴影外,B在阴影内。A和B的颜色是一样的吗?

爱德华·H.阿德尔森

图2-1 揭秘大幻觉

你可能认为B的颜色比A浅,是吗?事实如第二张图(图2-2)所示,两个方格的颜色是一样的。在识别这幅图时,你的大脑犯了错误。"经验架构"很快将B当作棋盘上的浅色方格,因此它的颜色比棋盘上的深色方格浅。

爱德华·H. 阿德尔森

图2-2 大幻觉

即便知道了答案，你的思想可能仍在斗争。你又翻回去反复看那幅图了吗？你确实又看了好几遍，不是吗？"浅色的"方格与"深色的"方格是一个颜色，这不符合你头脑里已有的认知。你感到很迷惑，你运用理性的思维反复考虑这幅图，而理性在这个实验里被愚弄了，你只得承认事实。

现在我要问一个难以回答的问题。做这个实验的感觉如何？回想一下你的感觉。你可能觉得自己落入了陷阱，有一些尴尬。你还可能有些恼火。你想找几个理性化的借口（"没有充足时间看图"，"看不清楚"，"没理解图中的说明"，等等），不管有什么样的借口，最终你会慢慢承认一个事实，那就是你的思维被蒙蔽了。这种感觉不太好。你可能将原因归结于我准确预测到了你的"愚蠢"行为，是吗？你的思维纠结于一个明显的矛盾之处，即看上去是浅色的方格竟然与深色的方格是同一种颜色。这种纠结是很恼人的，它愚弄了你的思维，你可能不会喜欢。

这就是认知失调（Cognitive Dissonance）给你的感觉，因此我们总是希望避开这种迷惑的状态，为了达到这个目的，有时需要否定现实。

认知失调

1987~2006年期间，艾伦·格林斯潘一直担任美国联邦储备委员会主席职务。他是当时世界上最有影响力的人之一，他以其市场导向的立场而著称。曾任美国全国广播公司记者的丽莎·迈尔斯（Lisa Myers）说过："格林斯潘是对反对市场管制，支持自由市场丝毫不觉得难为情的冠军。"他根深蒂固的信仰体系源于这些原则，这种信仰体系很好地支撑了他40年。

但是后来却出了问题。格林斯潘坚信市场能够自我调节，他的这一信念直接导致世界经济陷入大萧条时期以来最严重的低谷。美国政治经济学家罗伯特·莱许（Robert Reich）曾经说过："格林斯潘最大的失误就是造成了房地产泡沫。2004年，他把利率降低了一个百分点，使得银行可以自由地借钱以应对通货膨胀。银行很自然地想尽可能多借钱，然后把钱贷出去，赚取利润。当时的形势要求政府对借贷实施监管，以免银行把钱贷给不恰当的人。但是格林斯潘拒绝这样做，他认为市场会自动排除不良信用。事实并非如此。"[13]

2007~2008年间（那时格林斯潘已不再担任美联储主席职务），经济危机爆发，在为他的行为、立场和假设的正确性辩解多次后，2008年10月23日，格林斯潘最终妥协了。在一次公开听证会上，面对国会的质询，他承认，认为市场可自我调节的想法是错误的。他说："我感到十分震惊，因为40多年来我的观点一直没有错，有大量证据证明它是非常正确的。"[14]

1957年，心理学家利昂·费斯廷格（Leon Festinger）首次提出认知失调的概念。它描述的是当我们的信念受到不同信息挑战时，我们心理上的不适。[15]大多数人都有保持心理一致的愿望，努力避免冲突，通过拒绝或避免不同信息的方法，坚守自己的信念。有时大脑为使自己确信没有冲突，会为已知的失调寻找借口（这被称作自我开脱）。

格林斯潘对自己错误的假设先是感到困惑，后又承认，他的经历证明了认知分歧给人带来的不适。同时也解释了为什么他无视美联储一个同事早些时候提供的证据，表明房地产市场已处在崩溃的边缘。格林斯潘竭力为自己忽视这些清晰的征兆辩护说："总是有人说这说那。多数情况下他们是错的。问题是，你想怎么做？"

格林斯潘的话听上去很有道理，尽管他对自己的工作尽职尽责，但是职位越高意味着责任越大。真正负责的人不应该拒绝改变自己的固有看法，拒绝换个角度看问题。

我们希望其他身居要职的人能从格林斯潘的严重失误中吸取教训。格林斯潘顽固的信仰体系使得他将自己的假设当作事实，我们今天仍在为此付出代价。

我们再来看一个因为拒绝重塑假设而造成巨大损失的例子。伊士曼·柯达公司彻底错过了数码摄影的大好时机，它的事例经常被人们提及。始创于1888年的柯达公司在20世纪的绝大多数时间里一直是世界影像产品市场的领导者。然而，2012年1月，柯达公司依据美国《破产保护法》第11章，正式向法院递交破产保护申请（2013年生效）。人们经常忽略的是，柯达公司发明了数码相机，并且意识到数码摄影时代的发展前景。早在1981年（同年索尼公司发布第一款商用数码相机"马维卡"），柯达的领导层就分析研究过数码技术。如果当时柯达认清行业的发展趋势并顺势而为，其处境将会是另一番景象。然而，尽管柯达已经很好地掌握了数码技术，但是它却没有做出任何努力。

这就是认知失调造成的。柯达的管理层固步自封，太过依赖自己的传统商业模式。保罗·卡罗尔（Paul Carroll）和梅振家（Chunka Mui）对此评论道："柯达公司无法想象一个影像可以如此短暂地形成且无需洗印出来的世界。"[16]另外，当时传统胶片市场的占有率远远高于数码产品市场（60%对15%），这一事实使柯达管理层更加坚信自己的观点。因担心新业务会对几年内的公司利润造成不利影响，柯达对变革持谨慎态度，以至耽误了太长时间。柯达的管理层过于注重自己的季度或年度绩效奖励，心里想着如何偿还贷款，而不考虑改变固有观念，不去想象使他们感到"不适"的数码时代，这一切都使他们更加不愿意改变现状。

由上可知，认知失调和拒绝改变自己的固有想法会导致灾难性后果。而突破思维定势，需要发挥你的想象力。但这一过程不会自动发生，首先需要搞清楚怎样开发想象力。下面我们来看两种激发想象力的方法：一个是神经系统学方法，另一个是心理学方法。

神经网络

在神经系统学层面上，我们对大脑的了解越来越多，这将有助于解释想象力等现象。尽管我们有很多不知道的事，比如许多人声称已了解大脑活动区域之间的关系和某些目前还处于推测中的功能和情感（科学家称之为"大脑上瘾"），但是有些关于大脑的知识，我们如今已非常确定了。美国西北大学凯洛格管理学院的亚当·韦兹（Adam Waytz）和哥伦比亚商学院的玛丽亚·梅森（Malia Mason）列举出已被确认的四个神经网络：默认网络、奖励网络、影响网络和控制网络。

最使我们感兴趣的是默认网络和控制网络。我们先从默认网络谈起。我们不主动考虑某些特定的事情时，默认网络就开始工作了——这有点儿像电视机的待机功能。它本身就是一个有趣的发现，韦兹和梅森写道："过去10年里神经学最激动人心的发现就是，大脑从未真正休息过。"[17]就是说，在"无任务"状态（即无特定工作）下，大脑仍在用大量时间加工其内部现有的知识。在这种状态下，大脑脱离外部环境，使我们可以进行想象：在不同的地点、不同的时间以及不同的环境下会发生什么事。

这就可以说明为什么在有许多干扰的情况下，你无法主动地发挥想象力。你的大脑不会停止工作，它总是处于外界刺激的吸引状态中。当你精力特别集中且"在控制之下"时，主要是控制网络在起作用。在某种程度上，默认网络和控制网络是互补的。

在你注意力特别集中——即控制网络占主导地位，压制着默认网络时，很难想出突破性的主意，认识到这一点很重要。许多人承认，解决问题的办法在他们没有特意思考的时候"不知道从哪里就冒出来了"。可能是在洗澡时、散步时，甚至是在走神儿时。有的人通过冥想、跑步或听古典音乐以主动进入这种放松状态。关于先前提到的我们怎样才能发挥想象力的问题（被戏称为"把脚放在桌子上，望着窗外发呆"），神经学似乎支持将大脑与外界完全隔离的办法。

突破架构

心理学家用比较专业的说法解释如何发挥想象力。他们的做法是建立在思维架构概念基础上的。我们先来看看下面这一则著名的趣闻。

1983年，苹果公司的首席执行官史蒂夫·乔布斯被要求寻找其继任者。公司董事会认为，他们需要一个更加有经验的领导者，能带领苹果公司实现更好的发展。尽管乔布斯对此持不同看法，他还是物色到了一个理想的候选者约翰·斯卡利。斯卡利的商业背景和非凡的销售业绩吸引了苹果公司的注意力。斯卡利还是百事挑战（成功的营销活动，在蒙眼品尝实验中证明百事可乐是可乐迷们偏爱的口味）的发起人，具备影响消费者意见的能力。苹果公司需要这样一个人，来推动苹果电脑进入大众消费市场。

斯卡利出身于百事公司的装瓶工，起初他信誓旦旦地表示要成为苹果公司的首席执行官，但是除了将苹果电脑引入百事的销售网络，他与新兴的科技企业几乎没有交集。在东海岸长大的斯卡利也不了解硅谷文化。要放弃在跨国公司的成功职业生涯，去一家创业期的科技公司做一份前景不明朗的工作，斯卡利对此犹豫不决。尽管如此，乔布斯还是去找了斯卡利。

经过几次交谈，快到做决定的时候了。乔布斯注意到，斯卡利还是有些犹豫，说再多的话好像也不会奏效。乔布斯决心做出最后的努力，于是他说出了那句非常著名的话:"约翰,你是想卖一辈子糖水,还是想和我一起改变世界?"

这句话正中要害,斯卡利妥协了。这是重塑假设的理论,以及从心理上激发想象力的经典案例。乔布斯所描绘的画面,加上他出色的说服能力,突破了斯卡利根深蒂固的信仰体系。将斯卡利钟爱的产品称为"糖水"不是很恰当,但却是事实。乔布斯不是用首席执行官的职位来打动斯卡利,而是邀请他一同"改变世界"。乔布斯激进且突破架构的劝说起到了作用,斯卡利让步了。(斯卡利在苹果公司的职业生涯不算很成功,但那是另一回事。)

真有趣

乔布斯成功说服斯卡利的案例和讲笑话非常相似。从斯卡利的角度来看,他听惯了劝其离开舒适而又高薪的职位的陈词滥调,就像我们听着一个笑话慢慢展开,本以为笑话的结尾会像我们想象的一样,结果等笑话的包袱打开时,我们感到特别意外。这就是"骗到你了"的时刻——在这个时候,听笑话的人会哈哈大笑(或许,一份工作合同就此诞生了)。

让我们再看看下面的故事:

两个男子坐在一起吃午饭。当他们打开各自的餐盒时,其中一个人对另一个人说:"哎哟!又是花生黄油和果酱三明治。烦透了!"然后他气呼呼地盖上了餐盒。朋友问他:"既然如此,你怎么不让你的妻子在三明治上抹点别的东西?"那个人回答说:"我妻子?午饭一直是我自己做。"

你的思维落入圈套了吗?如果你假定第一个人的午饭是妻子做的,这则笑话也许把你诱导进了传统的性别角色架构。包袱出人意料,跳出了你被引入的架构。这就使得笑话超出人的想象且非常幽默(尽管经过解释,笑话里的可笑度会迅速降低)。

幽默和想象力一样，能够改变我们的架构以及我们的思维方式。所以好的销售人员通常都是有趣的人——他们能改变你最初的不情愿和抵触的情绪。他们用幽默的语言帮你关闭假设的架构，而向着他们想引导你看到或思考的内容开放。是否有人向你建议过，为了想出突破性的办法，你应该找一个非正式的场合，和朋友们畅所欲言，开怀大笑一番？现在你知道原因了吧。

水平思考

> 水平思考法与直觉、创造力以及幽默密切相关。它们都有相同的基础。直觉、创造力和幽默是可遇不可求的，而水平思考是有意识的行为过程。它与逻辑思维的性质相同——但思考的方法却完全不同。
>
> ——爱德华·德博诺，《水平思考》

1967年，创造力思维大师爱德华·德博诺在他所著的《水平思考》（*The Use of Lateral Thinking*）一书中，提出"水平思考"这个概念。[18] 从那以后，水平思考法几乎成为行业内的术语，甚至被用作创造性思维的同义词。水平思考法挑战假设，主张创新性的思维和观察方式，是一套系统而周密的方法。

其中有一种做法就是"随机输入想法生成工具"（Random Entry Idea Generation Tool）。就是从一份列表（或词典）里随便选出一个名字，将它与你目前正在从事的工作联系起来。这样的要求乍一看好像很高，但你应该能找出一些关联。比如，你正在思考如何提高客户服务部门的业绩，这时你随机选出了"比萨饼切刀"这个词，找到它们两者之间的关联也许能帮你发现新的机会。

不是所有的物体或名词都能让你产生联想，这或许并不容易。但是这个过程需要持之以恒。因为你的假设架构会试图否定任何关联，你的思维也不会立刻将客户服务部门业绩这类严肃的事情与"比萨饼切刀"如此不相关的东西联系起来。不要立即放弃，再想一想，可能性就会从你的脑海里闪现。食物、切割、刀子、锐利这些概念会使思维想到快速交货、冷冻比萨和特别的器具。这些会引发很多想法，比如售后服务的重要性，完整备用零件的交接以及开发一种特别"器具"以应对顾客投诉——能让前来投诉的顾客满意。第一眼看上去显得无用且愚蠢的想法也许能引发非常有益的另一种想法，在通常的架构下，你是不会这样考虑问题的。

德博诺提出的另一种方法叫挑衅，即对你关注的问题进行一些挑衅性的建议。在提高客户服务部门业绩的例子中，我们可能会说：让客服人员去接近顾客，奖励自助式服务，让顾客互相帮助，或者将其视为一种新产品上市出售。有些建议太不实用，花费太大或者很疯狂。然而，挑衅的价值在于，它使你的思维由静态转向动态。考虑客服问题会引导你想到奖励那些互相帮助的顾客，这在虚拟社区环境下尤其可行。如果你的关注点仅局限于提高业绩本身，这种主意你永远也想不出来。

刚开始运用挑衅之类的创造性技巧时，你可能会觉得有些投机取巧，但在挑战我们固守的信念和思维方式的问题上，它们十分有效。现在我们再介绍一些其他的技巧。

谷歌会怎么做

WWGD这种方法总是给我惊喜。WWGD是"谷歌会怎么做"的英文首字母缩写，该名称起源于杰夫·贾维斯（Jeff Jarvis）2009年的一本畅销书。[19]在使用这个方法时，遇到问题要先问一问你自己（或最好是你的团队，因为此方法更适合运用于团队中），谷歌——或者其他的著名组织——如何处理手头的问题。

先选择一些大家都十分熟悉的大公司：比如宜家、麦当劳、西南航空公司、飒拉、奈斯派索、新加坡航空公司、哈雷戴维森、丰田、艾派迪以及亚马逊等。[20]

考虑的公司范围要多种多样，有自助式服务的（宜家），以客户为中心的流水作业式的（麦当劳、丰田），以设计为中心的（奈斯派索）。关注所处行业之外的公司，尽管它们的产品、文化、工作方式可能与你的大相径庭，这一点也很重要。

在你思考上述某一个公司会如何处理问题时，你就是在重新架构，就是在重新评估自己的假设，从而由一个固定的、静态的视角转向更加自由、更加开放的视角。"谷歌会怎么做"将立即产生许多想法，其中有的想法完全无用，但是只要能得出一个好想法，这一个小时的投入就是值得的。

蓝色海洋

2005年，欧洲工商管理学院的两位策略学教授提出"蓝海战略"，[21]它与"谷歌会怎么做"略有不同。这一比喻化的名称将成长中的、没有竞争的市场（蓝海）与拥挤的、已成熟的、存在激烈竞争的市场（红海）区别开来。作者力图帮助组织找到前者，他们建议使用两种工具：价值曲线和四步行动架构。[22]价值曲线是指顾客所需的某种产品包含的若干要素。比如，对于宾馆行业，它的关键要素一般有位置、服务水平、房间的设备、房间大小、价格等。为了寻求蓝海生意——即还没有竞争对手且代表着完全未开发的市场——你可以发挥想象力，补充该宾馆价值曲线的新要素。

但是怎样才能想出其他人在他们的价值曲线中没想出来的新要素呢？这时，就要发挥想象力，灵感可能来自于其他行业，就如同"谷歌会怎么做"建议的那样，可以设想一下另类的宾馆夜晚，比如旅行拖车、朋友公寓，甚或就是在自己家度过的普通夜晚。为什么要参考其他行业和另类的选择呢？如果你不这样做，你看到的要素，别人早已看到了。你的直接竞争对手可以多做一点（扩大房间面积，延长营业时间，扩建游泳池）或者少做一点（降低价格），从而与你有所区别，但是从根本上说，他们关注的和你一样，都在进行血腥的红海竞争。

假设你是一个需要经常外出旅行的人，钱包里装满了各种航空优惠卡。你通常入住四星或五星级宾馆，但是它们还是没法和自己家相比。为什么？因为劳累了一天后，你很想入住这样一个能带给你似曾相识感觉的宾馆：自己慢悠悠地吃饭，做点事情消磨时间，在不知名的酒吧里喝一杯，或者随意地看一会儿电视，然后上床睡觉。

Citizen M 就是这样一家酒店，能满足"新一代的国际旅行者，那些对待跨国旅行就像穿过街道一样的人"的需求。[23] Citizen M知道旅行者夜间会觉得无聊，于是他们扩大了酒店大厅的空间，将其分割成不同气氛的区域，迎合客人晚间的情绪。酒店广告是这样宣传的："大厅设计成你的客厅，你可以独处，可以与其他客人相处，可以放松一下，还可以找点儿事做。"

Citizen M知道，对于那些一生中大多数时间都在旅途中度过的人们来说，他们不会喜欢在酒店度过乏味的夜晚——不管这酒店是几星级的——Citizen M将传统酒店价值曲线扩展，增加了更贴近家庭的要素，从而大大占有了特定的市场份额。对于在竞争激烈的红海里求生存的传统连锁酒店来说，这是一个独特的切入点。

开发想象力——在童年时代，你的想象力肯定是非常强大的——需要你忘掉一些已经成熟的想法，多一些童心和好奇心。还需要有主动挑战假设的愿望，在你所坚信的理念受到挑战时，要克制你的逆反心理。正如你所了解的，那些理念或者感知架构是不会停止的。它们会一直起作用，有时是促进的作用，而有时是阻碍的作用。

需要发挥想象力时，一定要克服它们对你的阻碍作用。你可以练习水平思考法，"谷歌会怎么做"、蓝海战略，或者其他近些年来获得大众认可的创造性思维技巧。即使这些技巧不能立即形成突破性的想法，也要学着多练习。通过经常性地挑战和重新评估你的信念和假设，你的想象力一定会得到很大提高。你将会想出许多不寻常的、有趣的以及极富创造性的主意，从而提升你的愿景。

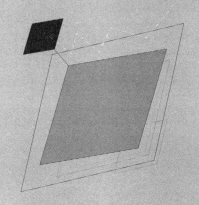

第二部分
愿景练习

开发你的愿景能力

及早发现

串连要点

|第 3 章|
开发你的愿景能力

> 我们看到的经常是我们想看到的。
> ——保罗·休梅克（Paul Schoemaker）和乔治·德伊（George Day）

愿景之鞋

研究人员苏克撒·坎塔布特拉（Sooksan Kantabutra）和盖尔·阿弗里（Gayle Avery）提出了一个关于愿景的现实问题。大量证据表明，强大的愿景有很大的激励作用，但是它真的能转化成商业价值吗？他们想确切地了解，有愿景或无愿景是如何影响和激励跟随者的，即所谓的跟随者效应。[1]愿景真的能提升员工对工作的满意度，提高客户满意度，从而增加商业成功的概率吗？

对此，他们选定了一个不太可能存在愿景的情景：零售商店，包括鞋店、家具直销店和时装店。这是一个非常有趣的选择，因为我们在考虑愿景时，常常想到的是苹果、谷歌以及亚马逊这样的知名大公司。愿景对于运动用品连锁店、超市或宠物商店也那么重要吗？

首先，坎塔布特拉和阿弗里让员工按九分制给自己的上司或老板对企业的愿景程度打分。然后，他们还提问道，愿景在日常工作中能否引导员工的选择。第三个问题是，愿景能否激励员工在工作中尽最大努力。别忘了，这些都是书店或者小食品店，而不是理查德·布兰森的大公司！但他们的发现非常引人注目：即使在没有预设的情况下，愿景型领导水平和员工积极性水平之间也存在积极的关联。愿景也能够积极影响员工的方向感。结论就是，对这种基层的岗位而言，愿景同样有用。

这还不是全部。他们还想了解强大的愿景能否提高公司的收入：它会促进营业额增加，从而提升整体商业水平吗？将愿景型领导和经济效益联系起来并非易事。毕竟，经济效益取决于许多因素，包括位置、经济情况、竞争程度和市场策略等。坎塔布特拉和阿弗里是如何将愿景单列出来，进而分析愿景以何种方式影响企业的成本底线的？他们决定再收集两项能明显反映商业绩效的数据。

第一项数据是员工满意度水平。心情愉快的员工愿意为公司工作，他们能提供良好的服务，对公司赞赏有加，乐意为雇主多工作。高水平的员工满意度被公认为对商业绩效能起到积极作用。第二项数据是顾客满意度水平。高水平的顾客满意度意味着顾客的心情愉快，从而能给公司带来良好的口碑、忠实的回头客以及其他积极的商业效果。为了收集数据，研究者将调查范围扩大到商店的购物者。

猜猜他们发现了什么？不出所料，研究结果表明，愿景与员工满意度之间存在积极的联系。然而，令人感兴趣的是，领导者愿景评估得分高的商店，其顾客满意度也高。请思考一下：顾客并不知道他们去购物的商店的老板是一个拥有强大愿景的人，他们只不过是去购物而已。即便如此，顾客满意度仍然很高。显然，愿景所带来的指导和鼓励不但能够直接地影响人（知晓愿景的员工），而且能够间接地影响人（不知道领导者特定愿景的顾客）。

研究结果似乎表明，愿景——只要运用恰当——能让员工和顾客都高兴，对商业绩效起到积极的作用。

学习，而非天生

假设你听到了一个关于未来的诱人的故事，故事里有对变化的激动人心的描述，加上炫丽的时尚元素，有迷人的未来情结，所有的这些要素完美地结合在一起。如果讲述者的口才一流，你很可能会被触动，并且认为这个故事的激励作用巨大，讲述者也非常有能力。人们很容易（大多数情况下）认为，如此信心十足且明确而坚定地提出计划，并且表达出来的人，一定拥有某种与生俱来的天赋。有些人具备这种天赋，有些人不具备。像杰克·韦尔奇（Jack Welch）、拉里·埃里森（Larry Ellison）、山姆·沃尔顿（Sam Walton）这样善于交流的人都属于有天赋的一类。

如果你不是这类人——其实，我们大多数都不是——那么拥有愿景和激励能力似乎将是一件非常困难的事。结果就是，我们会觉得愿景离我们很远，不适合我们这些普通人，而将它归入"特别难做"的一类事。《伟大创意的诞生》（Where Good Ideas Come From）一书的作者史蒂文·约翰逊研究了类似的误解现象：创新思维的一代。我们总是以为伟大的创意是那些杰出、非凡的人们头脑中顿悟或灵光闪现的结果。有的故事着重描述这些人脑海中突然迸发出神奇创意的时刻，而没有讲述他们是经过长年累月的思考和研究，失败多次后才得出正确的结论。这类故事使我们更相信灵光闪现。我们喜欢那种聪明的大脑突然迸发出非凡主意的感觉。

现实是完全不同的。用约翰逊的话说："伟大的创意不是凭空跳出来的，它们建立在一系列现实依据的基础上，这种联系随着时间的流逝而加强（有些时候还可能减弱）。"[2] 这与愿景的产生过程相似：多数愿景是逐渐形成的，需要时间的培养。它们源于直觉，起初并没那么深刻和清晰。经过一段时间的反反复复，最后才形成了它们为人所知的样子。众所周知，托马斯·爱迪生成功发明灯泡前，曾研制生产过几千只灯泡。

约翰逊称之为"慢性感知"（Slow Hunch）。他指出，实际上所有的创新性主意在最初时都只是一种感觉，而并非突破性的想法。接下来的突破性想法是坚持和毅力的产物，还需要长期的思想碰撞和融合才能达成——绝非直觉的灵光一现。愿景也是这样产生的。愿景不是天才顿悟的结果，而是长时间的思考、努力的感知和宽容的思维模式综合作用的结果。

集装箱的诞生

现在就让我们回到1937年。马尔科姆·麦克莱恩是一名卡车司机，他的工作是把大包的棉花从北卡罗来纳州的费耶特维尔运到新泽西州的霍博肯。3年前，麦克莱恩省吃俭用花120美元买了一辆二手卡车。现在他一个星期内要在东海岸驾车往返多次，忍受枯燥的1200英里路途。在到达霍博肯后，他要等候卡车卸货，一待就是好几个小时。麦克莱恩从车窗向外看去，几百个码头工人正在费力地将货物从卡车上卸下搬上船，或者从船上卸货再搬上车，如此反复。他突然想到，这是时间和金钱的巨大浪费。货箱被工人从车上卸下，放在码头上，用吊索固定后再装船。就这样，货箱一件件被卸下、吊起，过程缓慢，无休无止，而且存在危险。但是这样可以使许多人有工作做，这也是一项基础的工作。

看着眼前的景象，麦克莱恩思考着，有没有其他的办法来简化这项工作呢？"那一天，我正在等候卸货，有一个想法进入我的脑海：把我的拖车吊起，放到船上，而不用卸下拖车上的货物，这样是不是容易一些。"[3]他后来回忆道。

这就是一个愿景的开端,后来它改变了航运业的面貌,麦克莱恩经营着一家几千万美元的公司。马尔科姆·麦克莱恩是集装箱的发明者,集装箱主宰着当今世界港口航运业。拜他的直觉所赐,麦克莱恩已成为一个大富翁。麦克莱恩的故事被人们视为灵光一闪,是他坐在卡车里时的顿悟。听上去很有传奇色彩,满足了听者内心深处希望有伟大的创意突然迸现的想法。

但事实并非如此。直到20世纪50年代初期,即15年后,麦克莱恩才开始全力考虑他1937年时的想法。从那次特别的霍博肯之行后,麦克莱恩继续扩大他的卡车运输业务,并将其发展成为美国南方最大的卡车运输公司。麦克莱恩卡车运输公司拥有1700辆卡车,37处东海岸的运输港口。[4] 他把主要精力投入车队运输,无暇深入考虑自己当初"把拖车吊起装船"的想法。

实际上,最初的设想也不是我们现在所熟悉的集装箱。创意的种子需要时间的滋养——还要有外部因素的促成。后来,一些州政府开始限制卡车载重,向州际卡车运输征税,麦克莱恩才又开始考虑他早期的想法。州政府的限制政策使得卡车运输业从业者们开始考虑,如何尽可能多地运输货物,同时又避免重税和罚款。

麦克莱恩意识到,高效的海运能够规避这一问题。他1937年时的想法开始付诸实施,他设想开发一些港口货运场站,用轮船运输大宗货物,而让卡车只承担在州内起点或终点的短途运输。这种新的运输系统成本低(避免税收)并且效率高。

后来他将卡车拖车改造成两部分:带车轮的底盘和独立的拖车车厢。他收购了一家轮船公司,从而获得了东海岸多数重要港口的货运经营权,从那以后他开始扩大航运经营。当时,不是所有的人都看好他的愿景。麦克莱恩必须克服工会的重重阻力,说服港口管理部门,然后筹集到足够的资金用于前期投资。1955年,他的重要时刻来到了。当局不同意他同时扩展两个行业,他不得不做出选择:是已经成熟安全的卡车运输业还是想象中的航运业。他最终选择了后者,他将麦克莱恩卡车运输公司的股份出售,然后收购了泛大西洋轮船公司,将其改名为海陆联运公司。从此，开启了集装箱时代。

麦克莱恩的故事体现了企业经营理念与愿景的互相依附关系，他促使几百年来都没有很大变化的航运业发生了革命性的转变。他是一位真正的创新者，是20世纪企业家的领军人物之一。不过，别忘了，他的愿景经历了许多年才得以实现，不是我们想象中的一下子从脑海中迸出，然后就成功了。

发展架构

麦克莱恩的故事表明，只要坚持和培养心中的想法，我们都能拥有自己的愿景。愿景型领导不是个人特质，尽管有时它与个人特质鲜明的魅力型领导容易混淆。常被视为魅力型领导者的人物有约翰·F.肯尼迪、马丁·路德·金和史蒂夫·乔布斯；他们天生就具有非同凡人的魅力。

愿景能力是不一样的。通过有意识的努力和持续的预见能力的培养，增强我们向前看的本领，我们都能够实现重大的顿悟，在说到未来时变得富有感召力。我们将从诱人的愿景中受益。用以未来为导向的方式思考、行事，看到前方的路，知道该做出什么样的决定。它将激励、鼓舞创新和突破性的想法，向追随者明确目的和意义，从而使他们受到激励。

问题的关键在于该怎么做。怎样开发这种重要的领导力呢？从哪里开始呢？怎样保持这种能力，并将它与日常生活相结合呢？学习一项新的体育项目时，你需要有意识地训练某种能力，掌握基本技术，学习首先应该关注什么，怎样改变无效的习惯和做法，从而将看上去很复杂的事情变得尽可能简单（不是爱因斯坦说的只简单一点点）。

在日常生活中所有事情皆如此，有些人在这方面的能力就是比别人强。但是我们可以试着提高自己的水平。我们需要一个发展架构，能简化复杂的学习曲线并且引导我们。这一问题在本章将进行深入探讨。

经过长期的观察（并对几百名高级管理者的愿景、策略和领导力进行测试）之后，我发现开发愿景能力需要两个重要维度：

1. **及早发现的能力**。变化的早期信号常常表现为不规律的噪音或微弱的警报，它们处于我们注意力的边缘地带，表现得特别模糊。培养及早注意这些信号并意识到它们潜在影响的能力，对于开发你的愿景能力是非常重要的。
2. **串连要点的能力**。创造你与未来的相关性，并将其转化为"宏伟蓝图"的故事。在复杂的多层次、多维度的未来，需要做许多建设性的工作。

在这里我简单提一下这两个概念，因为它们是非常重要的维度，每个概念我都用了一个章节，对它们的定义和如何培养这两种能力进行了阐述（参阅第4章和第5章）。

及早发现

愿景能力的第一个发展维度是及早发现的能力。在第2章中我们提到，大脑能过滤噪声，使你关注真正重要的事情。当噪声——比如街道上的汽车声音——变成别的声音——轮胎急刹车的声音——你的注意力就转换到噪声上来了。同样地，我们在日常生活中每天都会接收海量信息，其中多数都是噪声——但有些不是，它可能是某种变化的早期信号，而这种变化有可能会创造出实质性的机会，你肯定希望自己是最早能察觉出变化的人。提高先于他人探知、察觉、理解这种信号的能力，是开发愿景能力的关键。1937年，马尔科姆·麦克莱恩从他的卡车窗户向外看时，他捕捉到了信号。他意识到，应该改变码头装卸方式，从而提高工作效率。当宜家公司的创始人英瓦尔·坎普拉德意识到，当时的家具行业尚未满足一个大群体顾客的需求时，他也捕捉到了信号。

2006年，艾伦·穆拉利（Alan Mulally）就任福特公司首席执行官，他将公司从破产的边缘拯救出来，他也具有预测和及早发现的能力。"领导者首先要做的就是理顺组织和外部世界的关系。"[5]他强调说。他将这种观念付诸行动，成为他日常领导行为的一部分：

> 每个星期我们都召开商业计划研究会。我们的全球领导团队、每个业务领导以及每个职能部门的负责人都亲自出席或通过远程视频参加会议。在会上我们讨论诸如经济、能源和科技企业、世界劳动力、政府间关系、人口统计动向等事关全球商业环境的问题，我们还研究竞争对手在做什么，我们的顾客在想什么。……然后我们会进一步讨论这些趋势将有可能如何发展。向前看是非常重要的。我们还探讨顾客们目前看重什么，未来他们将会看重什么。[6]

普通的思维方式意识不到早期信号的内涵，只有那些有准备的头脑才能捕捉到它们。运气有的时候会起一定的作用，但是要提早得知重要的信息更加有赖于善于接受的头脑，在思想上做好准备，努力理解那些信息，并将其转变成你和你所在的组织能够利用的机会。你可能会认为时机不够成熟，不想要这个机会。但是这种决定只有在你能够及早发现时才能做出；那些没有这种能力的人甚至意识不到这种潜在的可能性。

但是，你也不要有太大的压力，"提前发现"的意思不是"第一个发现"。要努力成为提前发现变化信号的那一批人，有效地利用它，将它与你的愿景结合起来，并试着创造与它有关的机会。发明互联网、零售业、远程销售或搜索引擎的，不是杰夫·贝佐斯（亚马逊公司）、迈克尔·戴尔（戴尔计算机）或拉里·佩奇（谷歌），但是，他们是最早一批意识到潜在可能性的人。这比单纯的好运气更重要（当然运气也常常能起一定的作用),开放的思维才能理解未知的领域,并且抓住重要的机会。

实际上,马尔科姆·麦克莱恩并不是第一个产生"用集装箱运输"想法的人。早在1929年,一个类似的航运系统已经在纽约和古巴之间的航线上运行——火车车厢被整体搬运到轮船上,由轮船运抵目的地后,再搬到火车上继续下一段路程。航运公司把相似规格的大箱子堆放在一起的做法也很常见。而麦克莱恩所做的,就是把这些事情正确地串连起来。

串连要点

强大的愿景不只是单纯地提前意识到改变的信号。像麦克莱恩一样,你需要串连过去的事件,将想象力和预见力结合起来,形成一个关于你的行业、组织或你所负责的部门的一个全面、连贯而鲜明的故事。连贯性的因素很重要,因为愿景不是在真空中存在的。永恒发展的世界和不断变化的未来一直在改变着愿景所处的环境。

愿景所能控制之外的因素包括科技的进步、政府立法行为、地缘政治变化或者"仅仅是"社会(对未来的)接受程度,这些因素都影响着愿景的环境及其成功的概率。因此需要想出多个主意以适应这种变化:要把它们联系起来,与一个关于未来发展的更大的环境融合起来。连贯的因素能形成一个整体、圆满的叙述,而不只是"说说而已"。手里握有特别好的牌时反而更难打,因为连贯的因素使叙述远离激进(受及早发现的激励)的色彩,而倾向于回到负责任的现实中,不会孤注一掷。

这也许会使得愿景不那么诱人,但却更加理性。华威商学院行为学教授杰克尔·邓雷耳(Jerker Denrell)的研究揭示了关于想象力的一个有趣现象。他发现:从长远来看,人们对未来非同寻常的预测最终被证明是错的。多年来,通过分析专家每个季度对利率和通货膨胀的预测,他注意到预测利率最高(百分之六)的专家们经常被后来的事实证明是错的。但是这些非同寻常的预测会吸引眼球。邓雷耳说:"我们总是倾向于崇拜那些人,因为他们做到了别人做不到的——从而使他们与别人区分开来。"但是邓雷耳还说:"如果你深信那些人,也许不是明智的选择。"[7]在激动人心和非同寻常的观点之中找到平衡点,采取一种恰当——而不是有意压抑——的现实主义态度,才是更为负责任的工作方式。

串连要点的艺术包括,在可能一成不变的未来保持激励人心的感觉,并且描绘出未来的环境与时代的宏伟蓝图。连贯性因素在愿景能力中非常重要,因为它能使你避免妄想。时机也非常重要。出现得太早的愿景消失得也快(比如,微软2000年推出的平板电脑),出现得太晚的愿景就成了人尽皆知的东西了。

麦克莱恩的经历能够清楚地解释这一观点。他想象出另一种运输方式,看到了他所在行业的潜在的变化趋势(我们目前了解的情况是这样的)。但是,直到提高州际运输税率、限制重量措施等这些外部环境形成后,他在港口枢纽之间用集装箱运输的愿景才得以实现。麦克莱恩对环境的敏感——这一点我们在下文中将继续探讨——使他能够将事件串连成一个更大的蓝图,再加上他及早发现的能力,麦克莱恩由此便成了一名我们敬佩的愿景型领导。

2×2

说到这里你可能会想:"好吧,那怎样才能及早发现并且串连要点呢?听上去不错,但是我不知道该怎样做。"别太心急,本章中我们将为你呈现一些强大且有效的训练技巧。现在我们先来进一步探讨发展架构,以使你对发展架构的含义及运用的认识更加明确、深刻。

这是两个关键的、且相互独立的维度。及早发现是将视野里的改变信号识别出来，而串连要点是把这些事件融合到一个更大的环境中，即所谓的大局。说得更通俗一些，第一个维度是你寻找细节的视角，而第二个维度则是俯视的角度。你可能擅长其中一个维度，但不一定两个都擅长。为了开发愿景能力，我们需要在两个维度上都做得很好。因此，每个维度都有各自的练习方法。

它们区别较大，且又互相独立，因此我们可以画一个二维（2×2）矩阵图表示[8]（如图3-1）。每一个轴显示这两个维度的技术高低程度。四个方形区域代表愿景能力的四种类型。

在明确了架构的含义的基础之上，你需要仔细想想，自己处在图中哪个位置。试着做这个练习，看看你应该怎样改善这两个维度。

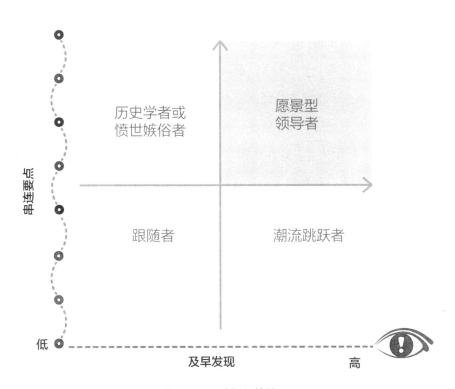

图3-1　四种领导情境

跟随者

图3-1的左下角区域是跟随者：他们不擅长及早发现，不擅长创新，也不擅长将自己对未来的顿悟描绘成连贯的叙述表达出来。

这并不是说，跟随者根本不去想自己所在的组织和行业的未来。只不过当有机会激励别人时，他们没有诱人的故事或想象力可与他人分享。他们这方面的能力比较弱，尚未形成体系，缺乏连贯性，或者根本不具备这种能力。跟随者也可能会成为优秀的人才或是一名出色的管理者，但是别指望他具有激励和创新的驱动力，有突破性的想法，或者帮助他人克服思维上的障碍，预测到未来的景象。

做一个跟随者也没那么糟糕（如果没有跟随者，领导者去领导谁呢？），尤其是在一个高风险的组织里，做跟随者其实是一个不错的策略。适当的谨慎、批判性的思维和理解力，对于包括愿景型领导者在内的所有领导者都是很有用的。但是如果你总是将自己定位为一个跟随者，那就别奢望有什么大的收获了。你扩展不了下属们的想象力，拓展新的业务途径方面不会有大的进展，下属也不会将你视为激励和能量的源泉。也有好的一面，就是你可能不会经历愿景带来的负面影响（狭隘或错误诱导愿景）。短期来看，这样做相对安全，有些时候这也许是最明智的做法。但是以长远的眼光看，这种做法会严重损害你的组织或团队，因为你过于关注当前，从而妨碍了你展望未来的能力，并且随着时间的流逝，你在组织中的作用、你的业务或职业技能将大大削弱。

安逸的处境还可能妨碍你发挥最大潜能。商业顾问保罗·史密斯指出："如果只求安安稳稳地工作，多数人将永远没机会在下一个财政年度对自己行业的未来产生影响。"而开发愿景能力，恰恰可以发挥你的潜能，对你的组织未来10年的发展产生影响。[9]思考未来、挑战常规的想法，以及想象一个更加美好的未来，不只是令人激动而已，更是一种大力开发潜能和天才的方式。哈佛大学心理学教授埃伦·兰格说："不断地从一个新鲜且有利的角度体验生活，才是人生的真谛。"[10]

潮流跳跃者

艾琳·夏皮罗（Eileen Shapiro）在《会议室里的时尚冲浪：即时解答时代的管理》(*Fad Surfing in the Boardroom: Managing in the Age of Instant Answers*) 一书中写道："他们通晓最新的管理学知识，当管理学知识更新换代时，他们又能立即跟上；他们是获利丰厚的咨询师，但常常给组织带来严重后果。"[11]

上述话语是对潮流跳跃者的精确描述。他们及早发现的能力很强，能跟上最新的潮流，并且愿意接受不断变化着的现实。潮流跳跃者常常是最早接受新科技的人，他们对与自己观点不同的激进事物接受得也非常快。他们愿意参与到潮流中，乐于分享最前沿的商业见闻。

但是潮流跳跃者不擅长将早期的直觉转化为连贯的叙述，从而形成积极的策略构想。至少在可预见的未来，他们在激进的想象和现实之间找不到平衡点，这是由他们的本性决定的。潮流跳跃者存在固执己见、坚持激进观点以及与组织的其他方面脱节的危险。

这类人（图3-1的右下角区域）不太可能成为真正的领导者或者争取到一大群忠诚的跟随者。听惯了一些只不过是说说而已的理论后，许多人在思想上无法与潮流跳跃者达成一致，人们也不太情愿追随他们的"突破性"想法。以长远的眼光来看，潮流跳跃者对组织的贡献不大，主要的原因在于他们不能将早期的发现融入一个连贯性的、更大的环境中。他们的话适合在星期五下午听听，而不适合在星期一上午听。

历史学者或愤世嫉俗者

位于图3-1左上角的这类人，擅长串连要点，讲述诱人的故事。他们喜欢引用模型、事实和数字——都是做演示文稿的好素材——擅长指明一条宽阔通畅的大道。他们的话句句在理。但是他们只盯着已发生的事件，而不去想象不确定的未来是什么样子。他们不擅长研究那些早期的信号是从何而来，不思考这些信号是如何成为改变现实的因子。我称他们为历史学者。他们的思维连贯而有逻辑，却对如何促成改变不感兴趣（这一点与潮流跳跃者不同）。他们的关注点是把过去的事件融合成有逻辑性的叙述，从而能够解释我们是怎样发展到现在的程度的。

几年前，我在接待一个规模很大的组织的高层领导时，首次发现了这类人。经过几场活动后，来访公司的一位领导将受邀与东道主进行两个小时的自由交谈。该领导会被问及公司战略方向或其他战略项目之类的问题。对我来说，这应该是推心置腹说实话的时候：高层领导会对诸如"战略将带给我们什么"或者"战略项目将怎样帮助我们走向辉煌的未来"之类的问题进行阐述吗？

可惜的是，我发现这样难得的展示前沿领导力的机会经常白白地流失。无论是商界领导者还是政界领导者，都存在这种现象。在这个本该展示他们领导力的特殊场合，大多数领导者却在复述历史，而不是展望未来。他们的开场白通常是："让我解释一下我们是如何做到现在这个程度的。3年前，我们开始实行针对客户的一号计划，大家可能还记得，我们的3个主要措施……"接下来就是对历史的细致回顾，和对已选策略正确性的说明。领导者的故事讲完后，我们又上了一堂历史课，但实际上，没有人受到鼓舞或激励（但是大家都赞许地点着头——或者一边打盹儿一边点头）。如果你的运气不佳，可能会遇到这样的领导者，他说："很高兴你能提问。"然后打开他事先准备好的15页幻灯片，开始回顾历史——而你也只能礼貌地坐着，聆听"激动人心"的复述。

在对过去的事件陈述完毕后,如果还有人听,他们经常会把未来和过去作对比,强调如果"我们坚持既定计划",就一定能达到目的。这是一个外推型的圈套:将过去定性,并且把未来假定为比实际情况更具确定性。

接下来我们会看到愿景型领导者从策略或策略项目角度如何看待这个问题——并介绍图中最后一个区域。

但是在这之前,我们再分析一下这种类型的人,历史学者不会错过展示领导力的机会,但是他们对过去过度信赖,这是有危险的。首先,历史学者易受视野狭隘的影响。他们的故事非常有说服力,所以他们很少反思自己的假设,而坚信由历史经验构成的信仰体系。但是我们都明白,未来不可能是对过去的复制。而历史学者们不这样想。

此外,历史学者很快会变成,或者被视为"愤世嫉俗者"。爱尔兰著名作家和哲学家查尔斯·汉迪(Charles Handy)写道:"世上有两种人,排水管型的和散热器型的。我选择与后者交往。"愤世嫉俗者就是汉迪说的第一种类型的人:他们解释事物的成因,认为你的非同寻常的想法无法奏效,从而挫伤你的锐气。有时听着愤世嫉俗者的话,甚至成为一个愤世嫉俗者,是一件令人内心感到安慰的事,但是你永远无法拥有强大的愿景。

我认为对于领导力和组织职场生涯来说,愤世嫉俗的态度最不可取。愤世嫉俗者不会重新架构、激励自己或他人——他们只会泄气。

营销大师赛斯·高汀(Seth Godin)对愤世嫉俗者的负面作用描述得更加直白。他在名为《自私的愤世嫉俗者》(*The Selfish Cynic*)的博文中写道:"有的人认为最糟糕的结果能够时不时地被纠正,但这并不意味着我们的团队需要他。我更倾向于和那些勇于接受时不时地会使人失望的未来的人共事。不要指望从愤世嫉俗者那儿得到奖赏或尊重。他们是自私的。"[12]

从历史角度看问题当然是有意义的。了解传统,了解组织的根基及组织的主张是非常重要的。了解诸如创始人的故事、组织的成功与失败中所展现出来的集体智慧等历史背景，以及公司真正看重的价值标准也是非常重要的。但是最重要的是，不要让历史妨碍你开发展望未来的能力。

愿景型领导者

阿尔贝特·施韦泽（Albert Schweitzer）说过："乐观主义者的眼里都是绿灯，而悲观主义者的眼中尽是红灯……真正聪明的人是色盲。"我把这个比喻延伸一下，愿景型领导者也是色盲。愿景型的人不会像潮流跳跃者那样过于乐观，把任何时尚的念头都看作机会，也不会像历史学家那样，对任何事情都说不。愿景型的人思维周密，他们的观点是以未来为导向的，他们知道过于乐观和教条主义的危险，能够从中找到平衡点，从而形成诱人的未来愿景。

愿景型领导者会怎样对待前文中提到的机会呢？愿景型领导会抓住机会，开始阐述未来的策略，以此激励、鼓舞和动员他的下属："我来说一下我们的目标。从现在起，3年后，我们公司在行业中的地位将如同足坛中的巴塞罗那俱乐部：成为全球知名的品牌，拥有一大群忠实的粉丝，产品出众，而且不断推陈出新。"或者类似的对未来充满希望的、乐观的、不盲目追逐时尚且激励人心的观点（当然，除非你的公司总部在马德里）。

这种做法释放了人们的能量，并且激发了人们的想象力，使他们自由联想愿景，从中寻找属于自己的意义和目标。这就是愿景型领导者最应该做的：能让他人"看到"并接受。因此，未来涉及一个宏伟的形象，它是我们可以看见、感受和体会到的东西，而不是从烦琐的幻灯片或枯燥的间隔句子的小圆点中通过思考才得到的东西。

令人遗憾的是，我发现许多领导者并没有与下属分享意义重大且充满能量的诱人的未来愿景。可能他们还没有准备好讲故事，也可能待在过去的环境里，毕竟，面对显而易见的事实，比开发领导者自己和下属想象力要安全得多。还有一种可能，就是他们没有意识到激励对促成人们参与变革的重要作用。不管原因是什么，这些领导者都失去了一个可以引导、影响和说服下属帮助他实现他想要的目标和变革的机会。

跟随者、潮流跳跃者和历史学者都是较典型的一类人，尽管我对他们的描述有些极端。这些人你可能在职场生活中都遇到过（也许有的人还是潜水状态），你对他们的缺点可能有切身体会。擅长及早发现的人，往往不擅长串连要点。或者，有的人擅长串连要点，却又不擅长及早发现。

要成为一名愿景型的领导者，这两个维度你都需要开发。它们是本书后两章要讲述的主题，在下文中我将介绍开发这两种能力的实用方法。在本章的最后两个部分，我们要谈谈这两个维度的区别，探究我们与那些传奇式的领导者的差别在哪里。

深化架构

这两个维度——及早发现和串连要点——有许多共同点。它们都是以未来为导向的，都建立在想象力的基础上，都有探究性、预见性，都具备突破架构的潜力，有主动深入不确定领域的意愿。从发展角度看，这些相似性表明两者有许多制约因素。诸如好奇心、开放的思维和童心之类的行为和思维因素对开发这两个维度非常重要。我们将在第6和第7章继续探讨这些关于人性、态度和生产行为的知识。

但是两者也有明显的区别，这意味着在培养和发展我们的这些能力时要运用不同的方法。现在先来看看这些区别。

区别1：相关性和含义

研究人员指出，一个普通人每天要处理34G的内容和10万字的信息。[13]我们处在一个信息过载的环境里，因此特别需要鉴别信息的重要性。及早发现的能力依赖于对微弱信号所展现出的相关性进行判断。如果不经过特别的努力，那么你只能回想起早期的事物变化，但经常为时已晚。你需要在事物发展，甚至还未发展之前将其识别出来。所以发现组织、行业，甚至于国家未来的早期信号的关联性是非常重要的。

串连要点的能力关注于现实变化的含义。它抽取从早期信号中产生的想法，将它们与其他重要因素结合，再将现实变化的早期信号整合成观点，使它们在逻辑上保持一致，最终形成的故事就具有成为强大愿景的潜质。

区别2：数据点和模型

在一次全国电视广播听证会上，荷兰规划局的一位重要官员被问及为什么没能预测到2008年的金融危机。他的回答和当时许多官员的回答都差不多："我们的模型没有包含银行不愿意互相贷款的可能性。"金融危机导致荷兰政府收购了其三家主要银行之一的荷兰银行，并对荷兰国际集团等其他银行提供了巨额财政支持。自然也就没有人问，为什么形势发展到如此地步，是谁应该对此负责。

乍一看，官员对模型的阐述是合理的。毕竟，这次金融危机史无前例。要求规划局在其模型中包含这种极端可能性也不太现实。

真的是这样吗？让我们把目光投向这次危机全面爆发的一年之前，即雷曼兄弟银行破产之前。2007年9月12日，银行间借贷市场在一夜之间毫无征兆地崩溃。所有银行突然拒绝贷款给其他银行，以满足短期清偿需要，而这本来是银行界普遍实行的做法。所有银行对其他银行的偿付能力的信任瞬间消失。为了维持金融体系的正常运行,避免银行破产,欧洲银行、英国国家银行、美联储向银行间借贷市场注入数十亿欧元,此举前所未有。

情况很快就清楚了,银行恐慌的产生竟是缘于一个流言。英国诺森罗克银行为了避免清偿危机,向政府借款,谁知此举引发担心其破产的恐慌。流言一出,储户纷纷涌至银行将存款取出。这在英国银行150多年的历史上还是第一次。流言还引发了全球性现象:已成功运行多年的批发市场被冻结,成功运行多年的银行系统关闭。后来,传播流言的肇事者被抓获,银行才逐渐转变做法,恢复相互间拆借业务。

我们再回头看看荷兰规划局。它知道——或者肯定应该知道——批发市场突然停摆是可能的,当一家银行破产,人们产生恐惧时,这种情况已经发生了。如果他们感觉灵敏,提前发现问题,在雷曼兄弟银行破产前一年,规划局就应该已经得知相关信息,并调整他们的模型以防类似的(不再模糊的)不测事件。遗憾的是,规划局更擅长的是串连要点,在各种参数之间而不是突发事件之间寻找非常连贯的关联。

纳西姆·塔勒布(Nassim Taleb)经典的《黑天鹅:如何应对不可预知的未来》(*The Black Swan: The Impact of the Highly Improbable*)一书竟然不可思议地在诺森罗克银行挤兑事件发生前几个月出版。马尔科姆·格拉德威尔(Malcolm Gladwell)在2002年的一期《纽约客》上发表了一篇关于塔勒布的文章。[14] 据格拉德威尔所描述的,塔勒布经营投资基金的方法十分独特。几乎所有的基金经理人都以自己炒股的能力为傲,而塔勒布却认为市场总是会出现不可预知的事件。市场早晚会因遭遇像"9·11"恐怖袭击事件、安然事件或雷曼兄弟银行破产、迪拜宣布无偿债能力、希腊债务造假或日本海啸之类的突发事件而出现巨大动荡。因此,他的基金只投向价格下跌的投资工具。塔勒布相信,他在平日里的损失终究会由某一天发生的杠杆式投资利润所补偿。这需要在心理上能够承受市场上升期时基金表面上的损失,但是塔勒布坚信突发事件是不可避免的,他愿意承受这种损失。

荷兰规划局在预测未来时曾经——可能现在仍然——采用"串连要点"的方

法。这种偏见造成了"掌控的假象",我们在第6章将介绍此类易导致视野狭隘的危险情景。有的时候一个数据点就可以否定模型内的所有逻辑。尽管它代表着我们不愿意看到的现实,但在严密的规划中,它是必须被考虑的异常值。仅有串连要点的能力是不够的。像愿景之类的模型,需要理解单个数据点的关联性,尽管这些数据点是异常值。如果它们出现在一年之前,更应该格外注意。

区别3:注重细节和俯瞰全局

及早发现和串连要点的第三个区别是行为方面的。及早发现的能力需要有对细节的敏锐洞察力。你要从噪声中识别出信号,关注多数人察觉不到的一个或几个微弱信号。

然而创造连贯故事的能力则需要俯瞰全局。一个通才式的人物,不会被细节蒙蔽眼睛,而是能够理解不同发展阶段的含义,并将它们串连成有逻辑性的诱人故事。

开发这两种能力既需要通才的技巧,又需要专才的技巧。你必须考虑模糊、虚弱信号的潜在的关联性,然后上升至一定高度,统揽全局,将这些信号与宏观经济趋势相结合。综合运用这些技巧将帮助我们比别人(比如,竞争者)早一些发现变化中的现实,并将它们转化为既吸引人(通过早期的识别)又有逻辑性(通过与其他观察到的现象关联)的宏大故事。

区别4:寻找风险和规避风险

第四个也是最后一个区别——我认为在理解愿景能力时是最重要的——与对待风险的观念有关。识别变化就是不用常规的方法看问题,质疑我们当前做事的方式,因此可以说是一种挑战性的、寻找风险的立场。而串连要点的能力需要保守一些,是规避风险的,它寻求一幅连贯的大图画。换而言之,它要求你在识别早期变化时,采取一种谨慎思考,不孤注一掷的行为方式。

第四个区别与理解愿景型领导的关系较密切——至少我这样认为。在本章的后半部分我们将继续讨论这个话题。

自恋歧义

为了给愿景发展的架构介绍画上一个句号，可以考虑模型是怎样描述现实生活中的愿景型领导者的。约翰·科特写过一篇著名的文章，名为《领导者应该做什么》，我们想问一个问题：愿景型领导者应该做什么。

在口语中，"愿景"与魅力、企业家精神、自恋等词有重叠，常常混淆。我们应该深入挖掘它们的意义，因为只有了解了我们所说的愿景的含义后，才能指导更深刻的探究。

许多领导力挑战是围绕思索困境和妥协展开的。有企业家精神很好，但是如果过分就会使事情失控。长远的关注固然重要，但是如果没有短期利益，长期目标也很难达成。刺激能使人们的行为保持一致，但是刺激太多又会使人面临道德和法律问题。增长我们需要，但是持续性也很重要。坚持是一种优秀的领导品质，而教条主义不是。因为存在这些困境，所以我们要在策略和领导力领域的各个重要力量间寻找到平衡点。领导者的作用就是将文化、传统、灵感、风险、声誉及其他环境主题都考虑在内，对这些困境进行识别、比对、经营和解决。

我们的愿景架构也代表着这一困境。扩展"及早发现"的领域、挑战现实就可能会"寻找风险"：挑战现状，用另一种方式思考，提前研究新的机会。而另一方面，用负责任的方式"串连要点"，寻找连贯性，以保守而不是开放式的思维做事，就可能会"规避风险"。我们应留心自己的视角局限和视野狭隘的风险，必须牢记串连要点的思维只是未来事件将如何串连的其中一个版本而已。

因此，寻找风险和规避风险是愿景能力的阴阳两面。找到它们的平衡点是展望未来的真正艺术。我们对愿景型领导者的研究不应该纠结于他们如何关注变化的现实（即"及早发现"）的轶事中，而应看重他们如何将觉悟转化为巨大的成功。此类英雄式的领导很有吸引力，但我们应该开发负责任的愿景型领导力，而不是"赌博式的领导"。

我们面临的真正挑战，是对"愿景"这个词越来越多的使用。我们倾向于把这个词和那些《财富》杂志的封面人物联系起来，那些传奇式的神秘人物，即诸如拉里·埃里森、安迪·葛洛夫、杰克·韦尔奇、拿破仑·波拿巴、查尔斯·戴高乐、温斯顿·丘吉尔、比尔·克林顿之类的人，他们写的自传及有关成功的书籍会很快成为畅销书。

在当代大多数人的头脑中，史蒂夫·乔布斯无疑是最杰出的愿景型领导者。他只用了10年多一点的时间，便将20世纪90年代中期濒临破产的苹果公司，发展成为全世界最有价值的公司之一，这是一段令人难以意料的企业复苏的故事。如果要问史蒂夫·乔布斯是否是一个愿景型的领导者，几乎所有人的答案都是肯定的。尽管乔布斯取得巨大成功，他非凡的能力造就了苹果公司（我本人就是苹果产品的粉丝），但我对这个问题是持否定态度的。我们来具体解释一下，我知道这是一个有争议的问题。

愿景型领导者经常与自恋式领导者相混淆。自恋式领导者似乎也很擅长提出愿景。他们与人分享"宏伟蓝图式"的故事，口才出众，对自己信心满满。但是，你没有必要为了愿景就去做一个自恋者。弗洛伊德在他的《论自恋者》(*On Narcissism*) 中，从精神分析学角度将自恋者定义为"能因'个性'在他人头脑中留下深刻印象的人"。他赞赏这些人有能力"给文化发展带来新鲜刺激或打破旧有格局"。但他也指出，这种个性的缺点是"成就将使得他们更加狂妄自大"。[15]

如今，"自恋"这个词常常带有贬义的色彩。自恋者非常自负，只关心自己，希望成为人们关注的焦点，认为自己的观点是唯一正确的。他们过于自信，容易伤害他人，经常独断专行、狂妄自大。一些极端的人甚至认为自己是"上帝选中的人"。甲骨文公司的一位管理人员评价自恋的总裁拉里·埃里森说："上帝和拉里的唯一区别是，上帝不相信他是拉里。"

人类学家和心理治疗师迈克尔·麦考比引入"生产性自恋"这个概念，对自恋的负面进行了重新诠释。在《自恋式领导者》[16]一文中，他承认自恋的消极一面，同时又指出，在变革的时代，需要有决断力的领导者出现时，这种个人风格非常有用武之地。在这种情况下，自恋式领导者能通过灵感、激励、方向设定等方法将人们凝聚起来，这种品质正是强大愿景所需的品质。"他们是天生的策略家，能看到大局，在变革的世界中能找出风险挑战的意义，做出某种贡献。"麦考比说。[17] 可见，自恋者有促进重大变革的能力。

那么自恋和愿景这两个概念是从哪里分界的呢？在史蒂夫·乔布斯的传记中我们可以清楚地了解他的为人和性格。[18] 乔布斯拥有麦考比提及的所有积极品质：他激励和领导苹果公司实现了巨大的转变。他激昂热情的性格十分适合当时的苹果公司。乔布斯很早就察觉到音乐界的变化、手机业的变化以及平板电脑界的变化，他以充满活力的观点和激情的演说激励着他的员工——这是毫无疑问的"及早发现"。

那么他的其他方面怎样呢？

仔细研读他的传记，你不需要有心理学博士学位就能发现乔布斯性格中消极的一面。他与别人的感情沟通能力比较差，不爱听取别人的意见，不能容忍不同的观点，教条主义，沉溺于自我，固执己见，还是狂热的麻烦制造者（有时会坚持显然没有效果的做法）。上述特质全都无益于开发串连要点的能力。

不可否认，乔布斯准确地看到了大局——我们现在可以这样说。但是串连要点的能力和准确看到大局还不太一样：你在非常不确定的环境下行事，所以采取谨慎的态度是可以理解的。要在及早发现、寻找风险的阴面，和串连事物、规避风险的阳面之间找到平衡点。开放的思维、深思熟虑、从其他角度趣味性的思考、聆听别人的意见，这些品质对于开发连贯性的维度是极其重要的。

别忘了，我们的两个轴线是发展的轴线。事后看来，所有的事情都非常清晰明显，但是如果用狭隘的眼光、过于自信的心理和教条主义的态度展望未来，将会导致不负责任的豪赌。因此上述特质对于开发愿景能力都是不可取的。

豪赌十分符合自恋式的领导风格。自恋者喜欢含有激进变化的吸引眼球的愿景。正如麦考比警告的那样："好大喜功是自恋者唯一致命的弱点。"历史已多次证明，自恋者有脱离现实的倾向，并且过高估计自己的能力。成功会加剧这种趋势，而结果常常是毁灭性的。麦考比还指出："其中一个较严重的问题是自恋者成功后，他的缺点会放大。"[19]因此，史蒂夫·乔布斯——还有许多其他的传奇式领导者——是有巨大成就的自恋者，却不是愿景型领导者，至少不属于我所定义的负责任的愿景型领导者。负责任的愿景型领导者能将寻找风险和规避风险联系起来，融入一个维度。

为了避免混淆，我们应该对"愿景型"进行认真界定。我主张用两个相对的维度，即提前发现（寻找风险）和创造连贯性（规避风险）来定义。真正的愿景型领导者注重开发他们的非常规观点和变化中的观点，但是他们对涉及的风险同样保持警觉，并采取措施不使其梦想变成幻想。他们不像自恋者那样爱抛头露面，《财富》杂志也很少刊登他们的成功故事。

在本章中，我们建立了发展架构，以便学习如何预见未来和开发你的愿景能力，最后归结为要提高你及早发现和串连事物的能力。

接下来，我们讨论如何在现实生活中培养这些能力。怎样做才能使你和你的团队比别人提早看到变化呢？怎样将这些早期的信号转变成连贯的故事，进而成为诱人的强大愿景呢？这些问题引人深思，但答案并不那么明显。

第 4 章
及早发现

> 好的冰球运动员出现在冰球所到的位置，伟大的冰球运动员出现在冰球将要出现的位置。
>
> ——韦恩·格雷茨基（Wayne Gretzky）

减少考虑不周的事情

1967年，著名未来学家安东尼·J. 维纳（Anthony J. Wiener）和赫尔曼·卡恩（Herman Kahn）出版了一部431页的巨著《公元2000年：对未来33年思考的架构》（*The Year 2000: A Framework for Speculation on the Next Thirty Three Years*）。书中有许多预测——多数是科技进步和创新，包括新型材料和技术的应用（激光技术、运输业变革），以及为儿童和成人实施变性外科手术。

他们预测，家用电脑将能够处理家务还能与外界联系，个人寻呼机（类似于手机）会得到广泛应用。从现在的情况来看，他们预测的准确性相当高。将他们的预言与肯·奥尔森（Ken Olsen）的预言作比较，10年后，即1977年，奥尔森在世界未来学协会上发言说："没有任何理由，让每一个人在家里配台电脑。"[1]这句话非常有名。值得一提的是，奥尔森是当时最大的电脑公司——数字设备公司（DEC）的总裁。

维纳和卡恩对电脑的预测是正确的，但他们也有许多错误的预测。比如，无声直升机没有取代出租车，照亮天空的不是人造月亮，星际旅行还没那么容易，人类的寿命也没有达到150岁，等等。

这些不够准确的预测并不影响维纳和卡恩的成就，为什么？按他们的话来说，他们展望未来，预测几十年后可能发生的变化是为了"减少考虑不周的事情"。他们称自己的工作为"思考的架构"，目的只是说明情况而已，而不是预言。

信号与噪声

现在让我们再回头讨论一下及早发现，即开发愿景能力的第一个发展维度。与维纳和卡恩的意愿相似，我们的目的不是对未来做出准确利好的预测，而是要努力提高对现实变化的意识能力，树立起接收远方信号的天线，这样的信号有可能不同于我们目前预测到的常规信号，能将未来引向另一个不同的方向。当这些信号以早期的形式出现时，我们就可以更好地识别它们并认识到其潜力。

及早发现的能力处于领导力大师沃伦·本尼斯（Warren Bennis）指出的适应能力的核心地位。他说："我现在认为，领导者应该具备的能力——关键能力——就是适应能力。在变化无常的环境下，适应能力能使领导者做出迅速而明智的决策。"[2]他认为，适应能力、愿景、表达能力和正直是领导能力的四个基石（在第6章中将详细介绍）。在撰写《极客与怪杰》（Geeks and Geezers）一书过程中，本尼斯和罗伯特·托马斯（Robert Thomas）共同研究了40多位领导者，其中有年轻的

（21~34岁），也有年长的（70~82岁）。尽管不同的年龄组之间有些差异，本尼斯和托马斯发现，所有的受访者都具有适应能力的品质——即对新形势、新环境的灵活适应能力。[3] 拥有最高水平适应能力的人被作者称为"一级关注者"：他们能够建立并保持高水平的环境智力。

这种对环境的感性与及早发现的能力发展密切相关，它们都涉及收集相关见解的能力，从而使得你比他人更早地看到事物的变化。用工程学术语来说，它增强了你从噪声中识别出信号的能力。信号就是你想要获取的重要信息，即早期预警信号。噪声只是消息，消遣性的，或者"娱乐新闻"，而不是需要记住和留意的。

汽车相撞理论

借助发生车祸时的情况（听上去有些勉强，但我认为是有道理的），可以很好地解释一级关注能力的策略关联性。对此我要感谢我的顾问之一吉姆·科恩（Jim Keen），他创造的这一比喻性的事例，使得展望未来的艺术和本质更加直观。[4]

车祸发生时有两个重要时间点（见图4-1）。第一个时间点是警觉点，即你意

图4-1 两个重要时间点

识到情况不是你想象的那样。发生车祸时的一幕是触目惊心的——冷汗冒出，脏话也脱口而出。在我们看来，在这一时间点你意识到了变化，并且知道，所有信息都要求你重新评估你的假设。格林斯潘的警觉点就是他意识到自己深信不疑的"银行会自我调节"的观念失效的时候。在这一时刻，人们意识到，情况和以往有所不同了。

车祸的第二个时间点是不可返回点。碰撞已不可避免，在这一时刻，无论你做什么，都是徒劳。警觉点和不可返回点之间的时间是你唯一可以改变现实的机会。因此你希望这一时间段越长越好：以便你有时间做出反应，从而避免碰撞。既然不可返回点不受你的控制，唯一的办法只能是增加其与警觉点的间隔。这就意味着要专注路面情况，避免接打手机等干扰因素，专心驾车。只有这样才能延长碰到突发情况时你做出反应的时间。

就愿景能力来说，你的目标是一样的（见图4-2）。比他人提前看到事件能够为你创造出明显的"策略优势"。通过有意培养识别早期信号，主动展望未来，想象变化中的现实，做出预测（不是为了预测而预测，而是为了减少考虑不周的情况），你就能将警觉点向前推。这就是第三和第四层次（见前言）带给你的好处：通过延长反应时间，创造重要的策略优势，从而能使你对于变化成功地做出防御性或进攻性的反应。

图4-2　策略优势

如果你和你的组织不主动展望未来，不去有意识地培养及早发现的能力，那么你和那些缺乏此种能力的人就差不多了，都意识不到正在变化着的现实。你将只能在事情变成常规智慧的时候才能意识到它，到那时，那些早期的适应者已走在了你的前面。如果你比别人早看到变化，你就抢占了先机。在竞争的环境中这种机会十分珍贵，因为你有更多的时间理解、准备、决策，对各种机会及其潜在的破坏性后果做出反应。用一个大家熟知的比喻来说，学会统筹安排，而非期待偶然，你就处在蓝海里，而不是在红海里与同样情况的竞争对手们血拼。[5]

创建雅达利公司的诺兰·布什内尔（Nolan Bushnell）被称为"电子游戏之父"，他曾经说过："我尝试建立未来的愿景，并且试图找到愿景和现实的分界点在哪里。"愿景型领导者就是这样思考的：他们有意扩展自己的想象力，绕过常规智慧，力图在警觉点阶段抢占先机。采用这种思维方式的必要条件就是，你要具有开放式的头脑，如果头脑不开放，就会像格林斯潘那样，身处警觉点，或者更迟一些，处在不可返回点的地步。这在车辆相遇时是很严重的，在领导力领域带来的后果，同样是毁灭性的。

市场转变

我们现在将理论与实践结合起来，看一下这家总是处于变革潮流前沿的公司。成立于1984年的思科公司是全球规模最大的网络解决方案供应商。在将近40年的行业动荡史中，它始终处于互联网和相关网络应用行业的领军地位，并不断有突破性的创新出现。诸如个人电脑、手机制造等相关行业经历起起落落的时候，思科公司也依然稳如泰山。这使得人们对其印象深刻，同时又充满兴趣。在这个竞争激烈、不断有新公司加入且新产品、新标准、科技突破层出不穷的行业，思科公司为什么能一直领先？它何以长期保持业界地位？什么样的文化和体系使得思科公司总是能识别早期的信号？

在2008年的一次访谈中，思科公司的总裁约翰·钱伯斯（John Chambers）介绍了他所说的"市场转变"。市场转变在下述情况下会发生："每当有一种微弱但是清晰的破坏性变化出现——这种变化可能是社会的、经济的，或者技术的——在市场真正捕捉到它的重要性并开始适应的许多年前，它就已经开始发生了。市场转变使得你能看到新机会，以便取得市场份额或进入新的相关市场。"[6]

钱伯斯阐述道：

> 市场转变是市场瓦解的预兆，在许多案例中，转变即导致瓦解。转变可能是由顾客、行业，或者经济因素引起的，在全世界明白过来是怎么回事时，转变通常早就发生了。当市场以划时代的创新来回应转变时，瓦解就开始了。
>
> 我寻找领先于目前——或即将来临的——科技圈的转变。开发一个新产品创意3~5年后，我们的收益就能达到10亿美元。如果加上2~3年的发展阶段，再加上6~9个月的抓住机会并应用于发展的时间，你就知道我们多么需要尽早意识到转变以将其转化成经济效益了。

听上去很熟悉吗？这就像在现实生活中你要将警觉点向前推。这也正是思科公司研究市场转变，将展望未来制度化的原因所在。福特公司的艾伦·穆拉利召开商业计划会议，讨论外部世界的发展、变化和解体等，也是出于这个原因。他们都了解环境智慧、前瞻性以及预测未来的重要性。同时需要有一个战略，要有正确的思维和相关的行为。还需要领导力：设定标准并做出榜样。思科公司将其解读为"认真倾听顾客对新技术的意见，关注顾客需求、经济动态以及其他趋势"，以开放性的头脑接受这些提示和预感。以未来为导向的领导风格在实践中就是这个样子的。

会议室里的玩具

好的一方面就是,这种以未来为导向的行为和思维是可以在组织内部得以培养和提高的。为了深入理解这一点,我们先来看看哈佛商学院的斯瑞达莉·德赛(Sreedhari Desai)和弗朗西斯卡·吉诺(Francesca Gino)所做的研究。他们的研究表明,在勾起童年回忆的情境下,成年人不太可能作弊,而是更倾向于以积极的社会行为模式参与活动。[7]这些成年人被要求做数学题,如果他们想作弊的话是很容易的。这些参与者被告知,做题正确率很重要,所以获得高分的刺激是存在的,为获得高分而作弊的动机也存在。但令人印象深刻的是:研究者发现,受试者在摆满与儿童有关的东西,例如泰迪熊、漫画、蜡笔等物品的房间里,比在普通房间里作弊的概率低20%。这表明能使人回想起童年的房间对受试者的心理状态和作弊意愿产生了显著的作用。

德赛和吉诺还发现,即使受试者心情不佳,但在有儿童因素的房间里,他们的表现也会更好。研究者认为,好的行为源于纯真的想法。德赛说:"含有儿童因素的情境在潜意识中激活了人们的善念,使我们处于一种纯洁的精神状态中。"[8]

仔细想一下,你会发现这些结论并没有那么激进。作为父母,我们在孩子面前的表现会比较注意——我们会注意举止,不说脏话,对错误行为更加容忍。德赛和吉诺的研究表明,在孩子不在场的情况下,可以借助儿童用品激发这种行为。

该研究强调,我们无论是有意或是无意接受的思想,都能在行为中表现出来。当被展示儿童因素的物品时,人们会变得更诚实和易于交流。想象一下,挂满布娃娃的会议室里会有更多坦诚的交谈。我猜想,在典型的团队性质的烹饪课、粉刷车间、户外骑行旅行中,这样做会更加有效。试试吧!

启动效应现象

德赛和吉诺使用儿童因素的物品的例子就是心理学家安东尼·格林沃尔德（Anthony Greenwald）和马扎林·贝纳基（Mahzarin Banaji）指出的启动效应现象，[9]意思是接受到的刺激能使人产生特定的联想和行为。约翰·巴奇（John Bargh）、马克·陈（Mark Chen）和劳拉·伯罗斯（Lara Burrows）做的关于"人们对自己实际生理年龄的看法"的实验，显示了启动效应的深刻作用。[10]受试者年龄从65~75岁不等，他们被随机分成两组，然后被要求做组词游戏，即将单词和短语的字母颠倒顺序，组成新的单词和短语（例如，schoolmaster可以变为the class room）。展示给其中一组的单词和短语与年老有关，而展示给另外一组的单词和短语是普通的词，与年龄无关。

组词游戏结束后，工作人员向受试者表示感谢，告诉他们可以离开了。这时，真正的实验才刚刚开始。研究人员记录下受试者起身后走到电梯的时间。实验结果引人深思。被展示与年老有关的单词的一组受试者走路的速度明显慢于被展示普通单词的另一组受试者。实验显示，展示给受试者的单词不由自主地发生了启动效应，使受试者下意识地对自己的年龄产生负面联想，进而影响到了自己的行为动作。

研究证明了启动效应可以下意识地影响后续的思维和行为。那么我们怎样才能有意识地启动思维，从而及早发现呢？请看下面的"未来启动效应"。

未来启动效应

我创立了未来启动效应（Future Priming）这一概念，旨在帮助管理人员提高他们及早发现的能力。它可以较容易地与日常管理工作相结合，事实证明也是很有效的。更重要的是，它与上文讨论的情况相关联，即你的思维容易受到早期变化警报信号的影响。它源自一种被称为思维启动效应（Mind Priming）的训练，我经常在我的团队中进行这种训练。首先我让他们环视一个房间，尽可能多地记住房间里的情况。我留给他们一分钟左右的时间，去看房间里的物品、装饰、人物以及其他相关信息，当他们做好准备后，我在屏幕上显示出9种不同颜色，让他们任选1种。然后我让他们再观察房间，这次只要求他们找出与自己所选颜色相同的物品。

结果是人们开始注意"新的"事物：搭在椅子上的外套，房间角落的一个花瓶，门口上方的紧急出口标志，或者桌子上的彩色便条纸。当他们的思维被启动，寻找某一种颜色时，先前未被关注的细节出现了。即使他们开始时是有意地尽可能多地记住信息，但还是会遗落很多东西。事实就是我们的感知和记忆力是有限的——我们不可能关注和回忆起所有事情——所以我们对与我们的目标无关的元素不感兴趣。

我们就是以这种方式处理每天海量的新闻和其他信息的。正如上述训练的参加者一样，我们也不可能记住或留意所有信息。我们不会注意外套、花瓶和紧急出口标志——这些看上去无关紧要的东西。但是如果在这些噪音里夹杂着变化的早期信号呢？显然我们要重视并记住这些事情！

未来启动效应帮助我们增加捕捉这些看似模糊、次要的信号的机会。它大大提高你识别和判断这些信号的潜在影响的几率。这种"一级关注"过程是从唤醒我们的想象力开始的。就像维纳和卡恩建议的那样，我们需要（学会）开发这一强大的资源，对未来有更深的思考。通过想象可能成为现实的早期征兆的未来事件，我们就可以做到这一点，而这正是未来启动效应的主要内容。

那么未来启动效应是如何起作用的呢？它怎样才能为你所用呢？答案很简单。但是为了解释这一问题，我必须先介绍一下未来事实（Future Facts）的概念。[11]

未来事实

我对这一概念的定义是:

未来事实是可能发生的变化的现实表现。

其中每一个词都是精心选择的,我来解释一下。

人们经常用普通的、广义的语言描述变化。比如,一篇典型的关于策略的文章通常以一系列趋势和发展开头。文中会提到"增长的城市化""科技的广泛应用""福利支持减少""新兴经济的影响"等。这些语言尽管抽象,但却有效地描述了趋势,至少在我们的思维中描绘了一幅逐渐变化的图景。我们会想象"未来的世界将更加城市化",或者"未来的科技应用会更为广泛"。

实际上,对趋势的描述没有给我们直观的感觉,所以我们可能会同意,也可能会反对。但它不会更新我们的思维,因为我们的头脑没有被激活。我们的头脑里也没有建立任何思路。尽管我们可能倾向于相信这种趋势,但是心中没有紧迫感,它也没有唤醒想象力,没有挑战我们当前的思维。

现在来看一看,如果我用下文的语言描述3年后可能发生的变化,你的心里会怎么想:"制糖业被禁止做广告。"这种描述与"对不健康食品行业的压力增大"或"加大对保健成本控制"之类的抽象描述不同,它想象出一个具体的事件以表述这种变化。你的头脑里会想象出关于可能发生的变化的实质的、令人印象深刻的图景。我不是说这种事情3年后一定发生,但我可以想象这些抽象的变化在现实中发生的样子。我不说4年后"城市化将增长",而说4年后"50%的孩子每年离开城市的时间仅有5天";我不说"中国在国际上发挥着愈发重要的作用"(这是毫无疑问的),而说4年后"25%的美国高中将开设汉语必修课"。

既然已经表述了变化,你就可以在谷歌上查询,50%的孩子在城市长大的想法是不是太超前。或者，你会想，有些学校会开设汉语课，但是25%的学校都开，可能吗？有可能是必修课吗？

你会注意到，具体的表述比概括性的表述对你思维的影响要大得多。它会对你有所触动，引起你的兴趣，甚至可能引起你的焦虑或不安。它甚至会引起你的反感或抵制情绪，这些都是正常的，因为你的思维被激活了，大脑在积极地思考一个与现在情况完全不同的未来是什么样子。抵制情绪可以用认知失调的概念解释，我在前文中已经介绍过了（参见第2章）。

再补充一个现实生活中的例子。2014年初，我受邀参加了一个在阿布扎比召开的会议，见到了来自一家跨国石油公司的近40位领导者。大家都知道，石油这种自然资源并非取之不尽、用之不竭。于是他们向一些替代资源行业投资，向开发者们提供风险资金，或者做一些其他的事情，针对未来的变化未雨绸缪，但是他们很大程度上还是依赖于石油行业。在思想上他们知道石油会枯竭，但他们认为那是遥远的事情，不愿意考虑太多。

抵达当晚，一家著名投资银行的行业分析师做了一次演讲。他说，到2025年（大约10年后），沙特阿拉伯将停止石油出口，仅留作本国使用。

这番讲话在第二天的讨论中引起巨大反响。有趣的是，他们能够看到趋势——知道十几年后石油储备将耗尽——但是只有这番关于沙特政策变化的表述才真正引发了他们的思考。

因此想象未来变化的表述帮助我们展望未来，大大地解放了我们的想象力。捕捉到可以表述出来的想象中的划时代事件，将有力地促进变化。另外，从愿景沟通角度来说，具体的表述对于形成令人难忘的故事十分重要（正如在第8章中将要讨论的那样）。

尽管未来事实中的具体叙述可能不准确，我们的思维现在已经被从新闻中捕捉到的早期变化预兆启动起来了，也许它们暂时还难以串连起来形成一个故事。还记得吗，维纳和卡恩说过，重要的是说明，而不是预言。

更多表现

现在再来看一些虚构未来事实的例子,这些例子将以我们想要看到的更恰当的形式出现,其中包含容易记忆和表述的题目、简明的解释和设定的年份(一般来说,我们在未来事实中会设定2018年或2022年等真实的年份,在这里要提醒本书出版多年后的读者不要感到困惑)。

图4-3显示的未来事实看起来像是在你最爱的报纸或网站上找到的一篇文章摘要。但它是虚构的(至少在编写时是虚构的)。它描述了一件未来的"事件",即想象政府改变公共政策,对消费者的行为施加影响,以减少他们的碳排放量。顺便说一下,这个创意是我主持的一个讨论班上的参与者提出来的,他是罗马俱乐部的成员,该俱乐部致力于促进可持续发展的未来的改变。[12]但是这种"加强对实施可持续发展的管理"的抽象表述对思维的影响效果比不上未来事实——无论这一特定事件是否会真的发生。

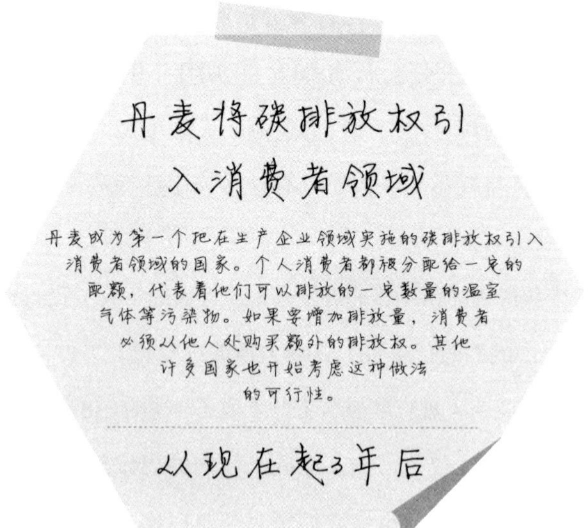

> **丹麦将碳排放权引入消费者领域**
>
> 丹麦成为第一个把在生产企业领域实施的碳排放权引入消费者领域的国家。个人消费者都被分配给一定的限额,代表着他们可以排放的一定数量的温室气体等污染物。如果要增加排放量,消费者必须从他人处购买额外的排放权。其他许多国家也开始考虑这种做法的可行性。
>
> 从现在起3年后

图4-3 未来事实

创立未来事实时，一定不要采取评判的态度。如果以个人的角度去接受并相信未来事实，将使你陷入双重标准的困境，这就失去了练习的意义。我们有很多理由相信未来事实是可能发生的，也有很多理由相信未来事实不可能发生。

问题的关键不是你能否准确地预测某个未来事件。在这个练习中，丹麦只是一个可以随时被替换的地点名词，也可以换成瑞士、荷兰，或者美国的佛蒙特州、加利福尼亚州，或者纽约州。为了应对温室气体排放，在可以想象的未来，我们需要采取更为有效且直接的措施，这才是问题的关键。我们要关注的不是二氧化碳交易计划问题，而是以开放的思维思考未来几个月里你可能会关注的现实问题。

在做这个练习之前，你可能还没注意到这篇文章。现在你很可能开始留意了，因为你对早期警示信号的启动效应已经被激活了。如果这与你所在行业密切相关且属于破坏性发展，你肯定想要尽早关注到它。但是如果你还没开始考虑可能变成现实的这种预兆，你就会错失变化的早期信号。

图4-4展示了更多可以激发你的启动效应的未来事实例子。

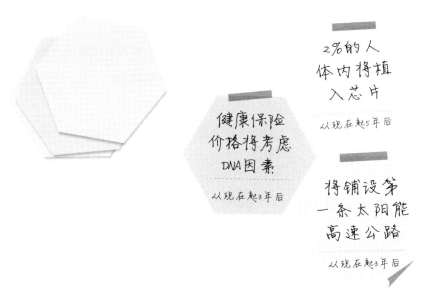

图4-4　更多未来事实

再次声明，对于上述例子肯定会有许多反对意见。但是，不论你有多么正确，如果你对事物总是说不，你就失去了在事物完全发展（到那时人人都明白了）之前，看到早期的、潜在的破坏力效果信号的机会。未来思维的关键在于，在机会之窗关闭之前，在你还能适应和做出反应时，看到并思考变化的影响。还记得撞车理论吗？你要在他人看到之前，在它成为常规智慧之前做出反应。在这个早期阶段你才可以运用预见力，开发出你的策略优势。

四个黄金法则

我创立了未来启动效应概念，目的是继续以简单的方式启动你发现改变现实的思维能力。未来启动效应需要写下你的未来事实。激发你的非常规，也许是破坏性的对未来事件的想象力。通过这种方式，你可以启动思维，在我们注意力的外围就捕捉到早期的信号。

然而，仅仅任意想象游戏规则改变者是没有用的。你需要想象未来事实，能够尽可能地适合你，让你具有相关的策略洞察力，增强你成为一级关注者的能力。因此，为了培养这种有效的行事方式，你还需要进一步的指导。

我发现有四个法则可以最大限度地帮助你。在下文中，我将按由易到难的顺序一一讲述。

法则1：相关性和时间范围

在你的行业和地区内寻找相关的变化现实。未来事实就是用于提高你的感知能力的，因此你要考虑你的作用、你的组织和你的行业。这些是你必须给自己设定的范围。如果你在英国的一个金融部门工作，主要从事兼并和收购业务，你的视野肯定与巴西制药厂的产品研发部门经理的视野不一样。

但是，也不应该过于局限。不要只从英国金融业兼并和收购的角度寻找变化现实。毕竟这个领域会受到更大范围发展的影响。因此，你的视野应足够大，以便能够捕捉到任何相关信号，但也不能太大，以至于信息量超过能处理的负荷。比如，英国的金融机构可能会受欧盟规定、中东日益增长的金融实力、对商业领导力信任度的下降和资本运作模式变化的影响。这些都超出了英国金融行业的范围，但它们可能对该行业产生重要影响。

另外，要将你的时间表设定在3~7年的范围内。将范围设定在1~2年，会限制你的思维，因为你将深受目前情况的影响。反之，想得太远会使你倾向于信任任何事情。3~7年的时间范围是最理想的：它足够长，能使你发挥创造性；它又足够短，能使你思考与当前有关的事情。

法则2：不要将你的公司作为未来事实的一部分

未来启动效应是一种由外到内的方法。它就是要鼓励你向窗外看，轻松愉悦地展望未来，捕捉未来环境中可能发生的变化，提高你的情境智力。但是我注意到，如果不遵循这条特定的法则，人们创造的未来事实很容易将自己或者自己所在的组织包括进去，并且主动地发挥作用。很显然，这就很难让人自然而然地从由外向内的视角看问题。

组织的发展、成就和经营方向在很大程度上（通常比多数公司愿意承认的程度还要大）受到公司完全控制不了的因素的影响。这些因素包括经济危机、顾客喜好的变化、油价和利率的变化、重要科技的应用、强劲竞争对手的加入，还有政府的新政策。组织可以自我调整以应对这些变化因素，但却改变不了这些因素。

如果你在GreatBiz公司工作，诸如"GreatBiz公司将与StrongBiz公司合并"、"GreatBiz公司率先引进射线技术"之类的未来事实无助于提高你的愿景能力，因为你过于关注组织内部的选择、决定和经营方向。未来启动效应要与外部世界以及将要发生的事情保持一致。将警觉点向前推，以便给你的策略反应留出充足的时间。

在练习未来启动效应时，我看到很多人都创造出内部导向的未来事实，因此，我建议将公司、部门和团队都排除在外，以免走入误区。

法则3：在常规和荒谬之间的区域探索

现在的局面就颇具挑战性了。起初练习未来启动效应时，你关于未来的想法和主意是非常合乎常规的，这很正常。你的想法可能是你头脑里已经存在的，符合目前趋势的想法，或者是当前正确的观点。这些主意都是你现在的常规智慧的一部分，既与你对未来的认知无关，又没有挑战你的假设。

当人们意识到自己最初的想法过于常规后，他们会马上转向荒谬。（我听说过这样一些想法："把引力法则颠倒过来""第一艘到达太阳的宇宙飞船""50%的婴儿拥有手机"。）这些想法听上去很可笑，根本无法严肃对待。我对幽默感一直是持肯定态度的（幽默感有激发非常规想法的潜质），但是这种特别不现实的未来事实无助于提高你的愿景能力。

因此，最适合产生未来事实的区域是常规和荒谬之间的区域（见图4-5）。你应该将你当前所相信的观念向外延伸，但也不要过度延伸。

图4-5　非常规区域

不同区域之间的界限也不是一成不变的。比如,现在听上去荒谬的事情放到将来可能就不算荒谬。如果有人2008年前创造了一个未来事实,其中描述到雷曼兄弟银行破产,预示着金融体系崩溃的开始,大家可能都会觉得这太荒谬了。(这一例子也说明预测变幻莫测的未来是多么的困难。)

总体来说,有效的未来事实应该能够刺激并挑战你的思维:"噢,也许真的会……"

法则4:描述事件,而不是趋势

最后,将你的未来事实写成一个事件,就像报纸上的文章一样,描述事件的重要性,给读者留下难忘的印象。不要写"对清洁水源的需求持续增长""对经济的兴趣下降",这些描述的是趋势,而不是事件。我曾提到过这一点,但我也意识到对许多人来说这是一个难点。我们常常容易陷入泛泛而谈,但是要想象一件能在现实生活中发生的划时代的事件却是很困难的。这个时候需要你发挥想象力,而一般化的抽象思维将退居次要地位。

上述四个法则共同指出了有效的未来启动效应的方向和界限。其最终结果是以具体、细化、生动的语言描述令人易于记忆的未来事实。充分发挥你的想象力,充分研究,创造出数据、公司名称,以生动地描述变化现实,使你能够成功地实施未来启动效应。为了达到这个目的,你的创造应该达到四个效果:

1. **意外性**:经历是令人感到意外的,你创造的未来事实应该是抽象的,有实质内容的和明显的。
2. **容易**:新观点应该容易理解,题目就应包含80%的内容。
3. **积极影响**:想法应该能引起兴趣,激发我们继续学习的欲望并监督事件进展。
4. **正确感**:创造应给人正确感,足够可信,不可过于荒谬。

思想的给养

有些人的未来事实想法会立刻进出，其他人就可以借鉴一下他们的思想。在《广角愿景》(*Wide Angle Vision*)一书中，商业经营顾问韦恩·伯坎（Wayne Burkan）提出寻找当前现实的破坏性变化的三个有趣建议。[13]

1. 注意非主流的竞争者，不像其他多数同行那样看问题。寻找被目前多数人忽略的竞争者。他们是分裂成小的实体的公司，从市场份额角度看，他们不起眼，但是他们经常是一种信号。

2. 注意失去的顾客。他们认为你已不能满足其需求（与投诉顾客不同），转而寻求其他渠道。他们是顾客需求变化的早期信号，这种信号在发生变化时会首先出现。

3. 注意另类雇员，他们总是持不同意见，不守规矩，常常制造麻烦。他们的意见经常（并不总是）与其他可信赖的人的意见不一样，如果使用得当，他们将成为非常规想法的重要来源。

这些都是非常好且实用的建议，尤其适用于商界。另外，我鼓励你将目光放得更远，超越非主流竞争者、失去的顾客和另类雇员。我在与一些组织合作实施旨在挑战公司思维定势的项目时，会事先和其领导者进行谈话，目的在于让他们说出他们对未来的见解和领悟，以及可能发生的破坏性变化。我将谈话中提到的问题归纳入附录：策略性调查问卷。这些问题可能会激发你的思考，延伸你考虑的范围。但是现在别去看！当你遇到困难时再看。练习未来启动效应时，发挥自己的想象力比借鉴我的问题列表更有趣（并且有效）。

没有交通标志

几年前，我在布拉格为当地的销售网络领导者举办培训班。在介绍完情况后，我给参加者留下20分钟时间，让他们为自己所在的行业写出3~4个未来事实。我强调了运用四个黄金法则的重要性，并且告诉他们这个练习是有难度的。

过了一会儿，我走到他们中间去看进展如何。其中一个人看上去很吃力，他用有点儿绝望的眼神看着我，我可以看出他内心的挣扎。于是我鼓励道："能写多少就写多少，让我看看。"他的未来事实的标题是"交通标志使用量翻一番"，设定的时间是未来4年后（看来他在交通标志生产行业工作）。显然，我和他对这个答案都不满意，于是我说，这种表述更像是一种愿望，而不是破坏性的思考。我从做练习题的角度出发，问他："如果'交通标志使用量减少一半'会怎么样？"

"那我就失业了！"他立刻说。认知失调此刻显然正在起作用。这种想法令人苦恼，与他的思维模式不符，所以他不愿意想象这种情况。我对他说，这只是一项思维练习，鼓励他不要回避令他不舒服的想法。但是看起来效果不大，他不愿意挑战自己的假设。由于时间关系，我不得不继续关注其他参与者，心里为没能帮到他感到有些不舒服。

这件事过去几个星期后，我收到了这个人发来的一封电子邮件。邮件里说，培训班结束一段时间后，他注意到日本一所大学正在进行的先进远程信息处理技术研究。该研究设计将GPS系统的交通标志和仪表板显示器整合为一体。那篇报道很短，隐藏在大量的行业文章之中。通常他不会去看这样的报道，但是这一次，他被吸引住了。如果该研究投入实践应用，他所在的交通标志行业将受到重大影响——也许交通标志使用量会减少一半。

他与研究小组取得联系，得知他们正在寻找与日本以外的交通标志行业专家合作的机会。他在电子邮件中说，他与新合作者的谈判已经完成，他的公司将成为日本以外第一家使用该新兴技术的公司。他感谢我强迫他去想象一个传统交通标志使用量大幅度减少的情景。如果没有那次痛苦且令人不舒服的思维训练经历，他可能不会注意那篇文章，或者至少不会意识到潜在的破坏性变化。他也不会积极行动，与新兴的交通标志技术结缘。现在他的事业迎来了新的发展，因为他的思维的启动效应起作用了。

理论联系实际

未来启动效应有大幅度改变你的未来思维定势的潜质，它还可以增强你作为领导者的洞察力，培养以未来为导向的、有魅力的人格。它不需要占用你大量的时间。我可以建议你一刻钟之内想出5~10条未来事实，每一条都能保证是易于理解的。如果你遵循四个黄金法则，未来事实将关注与你有关的（法则1），它们将是外部导向的（法则2）、非常规的（法则3）、吸引人的（法则4）。坚持这样做，3个月后你将得到意想不到的回报。

为了让理论联系实际，我们要强调一些实用的思考方法和建议：

第一，使用与我们的例子一样的简单形式：吸引人的、简单明了的题目，简明的基本原理，未来3~7年的时间设定。这些因素综合起来构成的小文章能够吸引人的眼球，令人过目不忘，使你能较容易地将其传达给别人（第8章中还有详细介绍）。

第二，关注预示着变化现实起始的信号，而不是结果的信号。比如，"亚马逊卖出最后一本纸质书"（意思是电子书已改变了出版市场的面貌），或者"美国银行拆除其最后一台自动取款机"（意思是现金交易几乎绝迹，将被电子支付取代），这些都是结果的信号，不是早期信号。

第三，要独立思考。你可以邀请他人参与发挥想象力的过程，但是不能让他人替你思考行业的战略发展。这是展望未来第四层次的内容（见序言），只有亲自思考，才能形成强大的神经传导通路。

第四，如果你不能有意识地记录下未来事实，未来启动效应是不会起到其该有的积极作用的。这花不了很长时间——你的目标是一个月想出3~5个未来事实，每一个耗时约10分钟。这些想法会在不经意间跃入你的脑海，而记录下每个未来事实用时约一两分钟。是不是充分地利用了你的时间？试着坚持3个月，看这样做值不值得？如果觉得效果不错，那就再坚持3个月，它就会成为你的习惯。许多人告诉我，他们得到了相当满意的回报。

第五，我建议你发挥最大的主动性。要不断地学习四个黄金法则，努力按照这些法则提高你的创造力。如果你的未来事实与法则不符，行事效果就会受到影响。如果它们缺乏吸引力，那是因为它们太普通了。但如果它们过于离奇，你的可信度又会受到质疑。我们需要灵光一闪的因素，但要达到那种程度也并不容易，要做很多工作。否则你就会因为怀疑它的价值而导致最终失去兴趣。通过练习，并坚持严谨的态度，你将取得进步，并很快想出一系列未来事实，改善你的感知体系并提高作为领导者的洞察力。

最后，完善你的想法，使它们能够引起别人的注意。将想法转化成文字挂到办公室的墙上。与你的团队或其他能帮助改进你的思维的同事讨论你的想法。在公司的公告板上将它们张贴出来，或者在你的博客上公布你的想法，也可以在推特上发文。让你的想法成为（管理层）团队可以公开讨论的话题。这样做你就可以将你的想法与现实生活结合起来，既开发你的感知体系，又提高你以未来为导向的领导洞察力。

我曾经与经常开会讨论未来事实的领导者以及团队一起工作过。其中有一个团队每次开会都会指定不同的人设想未来事实。在会议开始时，团队将用5分钟的时间讨论那个人想出的未来事实。几个月后，他们收集了能够影响公司未来发展的20多条建议。可以想象，这种训练对团队成员之间的策略对话，对人们参与公司未来发展的积极性，都将起到巨大作用。

他们告诉我，还有其他的情况发生。通过以这种方式运用未来事实，团队成员的精神状态悄然间有了变化。团队的讨论风格开始倾向于未来导向，日常工作的讨论也变得更加具有建设性和前瞻性。这并不奇怪。你知道其中的原因，不是吗？还记得启动效应现象和会议室里的玩具吗？这个团队在每次开会时都无意中开启了启动效应，并且它注意到了关于目前挑战的谈话对于未来的影响（这将延伸思维定势，以更远的眼光看问题）。

激发创造力

未来启动效应是一个创造性过程，能够促使你开发创新性的、富有想象力的、破坏性的想法和主意。像其他方法一样，它并非每次都能取得非凡的效果，这也是创造力的特点。但是你可以创造条件，最大限度地增加成功的机会。下文是一些有益的建议：

1. **设定目标**。亚历山大·格拉汉姆·贝尔的发明不仅仅只有电话。他的兴趣十分广泛，他还发明了探测心脏细微变化的听诊器，探测冰山位置的仪器，研究如何将盐从海水中分离出来，寻找新型的燃料，等等。除了具有发明天赋之外，贝尔的成就还应归功于他为自己设定了明确而具体的目标：他要求自己，每个月要想出10个新主意，一刻钟内要找到突破性的方法。设定目标能强迫你有意识地不断寻找新主意。不要在意主意是否具有突破性。你可以将目标设定为一个月想出3~5个未来事实，其中有一个特别出色的就可以了。

2. **与他人进行创造性的交谈**。创造性的过程不是循序渐进的、有逻辑的、有推理性的。创造性的想法都会打破常规，就像笑话里的包袱一样，突然冒出来。因为你也不知道它从何而来，什么事情能带给你灵感，所以要进行团队合作，从他人那里收集可能有用的刺激因素。探究不同的想法和主意将帮助你建立创造性想法的资料库。

3. **将自己重塑为想象者**。我们羡慕那些能想出非常规主意的创新性人物。这些人物被认为非同凡人，他们掌握着魔力钥匙，我们是达不到如此高度的。但是，正如普通人也可能成为愿景型的领导者一样，每个人都有想象的能力。挡在我们面前的是狭隘的思维定势和固化的信念。将自己重塑为想象者，而不是经理、工程师或者顾问（或其他施加在你身上的标签），将能够帮助你摆脱固有想法的束缚。

我们已经探讨过了及早发现，它是为了展望未来而发展架构的第一个维度。它关注的是以建设性的方式挑战常规的能力，目的是提前发现早期警报信号。通过这种方式你就能够成为一级关注者。我们还练习了未来启动效应，使得这种方式更加实用，而练习只占用你很少的时间。

为了提高展望未来的能力，我们还讨论了如何启动思维，以促使你的行为也符合领导力领域的要求。我们的思维——多数情况下无意识地——常常超越我们的行为。你的更加倾向于未来的想法会影响到你的交流方式，你对非常规想法的反应，你处理挑战的方式，以及你展示开放性思维的方式。换而言之，你的启动思维影响着你的领导方式和别人对你的领导力的看法。

下面我们来看看第二个维度，即串连要点的能力。

第 5 章
串连要点

我认为凡事不要抱肯定的态度乃是理性中最为关键的一点。

——伯特兰·罗素

2005年6月12日

2005年6月12日下午,美国加州的帕罗奥多市,阳光明媚。几百名斯坦福大学的毕业生正在聆听一个后来被称为最励志的演讲。在被确诊罹患癌症一年后,苹果公司总裁史蒂夫·乔布斯在大学的毕业典礼上发表了一场非同寻常的讲话。他与听众分享了他人生中的3个动人的故事。"不讲大道理,"他说。他去世多年后,在YouTube网站上的这次讲话视频仍然被反复点击播放。

在这次著名的演讲中,乔布斯深情地谈到了影响其人生的几次经历,包括从里德学院辍学的故事。他解释了自己辍学后又在大学旁听一年半的原因,他将听课视

// 第 5 章 串连要点 //

为一种享受：

> 如果我没有从大学辍学，我就不会去选修书法课，电脑上可能就不会有如今这样漂亮的字体。当然我在大学时不可能预知一件事的前因后果。只有10年后回过头来看，才一目了然。

他在这个故事的结尾处强调事情的因果关系：

> 再说一遍，没人可以未卜先知，事情之间的因果往往只在回首时才能发现。你得相信因和果会在未来生活中联系起来。人总要有些信仰才行——直觉也好，命运也罢，因果轮回，不管什么。这个方法从来没有令我失望，只是让我的生命更加与众不同而已。

现在回到我们最初的话题，即提高我们的愿景能力，除了要提高及早预知的能力外（这在前一章已经讨论过了），同时也必须提高我们创作连贯故事的能力。正如雅培公司董事长兼总裁白千里（Miles White）指出的："寻找变化信号的人们必须将重要的、持久的趋势与那些短期的、非关联性的趋势区分开来。"[1] 这需要有判断力，有对大图景的深刻认识。因此，我们识别变化现实的能力非常重要，应该得到加强，这一点前一章已解释过，与此同时，它应该和同样重要的创造连贯性的能力融合起来，在实际应用中互相补充。

连贯的故事必须包含我们的期望、我们的预测、我们的想象、我们的希望等内容。它需要有共鸣，有意义，能够给跟随者指明未来之路。我将愿景能力的第二个发展维度称为串连要点的能力。这一比喻指的是创造连贯故事的重要性，以及建立一个既包含我们先前维度里的早期、非常规的洞察力，又与我们的未来一致的、一个更大的架构和情境的包罗广泛的整体图景。如果你愿意，可以称它为"大图景"。

但是请停下来想一想。史蒂夫·乔布斯强调过，只有回头看时才可能将事件串连起来，向前看时是不可能做到这一点的，他说得很有道理。所以我们的问题是：

串连要点。这听上去不错，因为它与我们已经接受的"大图景"愿景观念是一致的，但是向前看时你如何做到呢？我们可以重视许多发展阶段，强调一些中断点，应对变化的现实。但是你如何肯定某些事件需要被串连起来呢？尽管有时它们很像是未来要发生的事件。

乔布斯当然是对的：我们向前看时无法串连要点，至少不能做到很有把握。从本质上讲，未来是不确定的。你可以为未来制订计划，但是肯定会有意料之外的事情发生，某些变化有时还会使你觉得心烦意乱。约翰·列侬曾说过："生活经常不按照你制订的计划进行。"纳西姆·塔勒布在他的畅销书《黑天鹅》里也多次表述了这个道理。他告诉我们，现实中总是会发生不可预测的事情、重大的事情，可能——也许一定——会将我们的预测搞得一团糟。因此，向前看势必会引发挑战，看上去连贯的故事会遭遇固有的不确定性。你怎样应对与自己预想的不一致的未来呢？更糟糕的是，时间越长（至少在我们认为应该有效果的3年内），我们越是坚信，事实不像我们当初预测的那样。

回想一下2007~2008年期间我们对未来的看法，或者在那之前的10年里出现的互联网泡沫。时至今日，在当今世界上，我们仍旧面临着许多可预见的重大变化：不稳定的中东局势；欧洲货币一体化进程中各个国家的文化、财政和经济差异；老龄化社会面临的医疗保险和养老金问题；世界人口的持续增长；石油和水等自然资源的日益枯竭；世界主导权从传统的西方国家倾向巴西、印度、俄罗斯、印度尼西亚等国家；对美元继续保持安全支付货币地位的怀疑；保护可持续发展的环境所面临的巨大挑战；不可预测的科技突破及生产模式的转变。这只是在全球社会层面的一些显著变化。我们还可以举出许多黑天鹅式的例子，在顾客行为、竞争环境、新企业的加入、行业规定以及行业模式变化等方面，某些特定行业都面临着挑战。

因此真正的问题变成了：在如此充满不确定因素的环境下，我们怎样才能负责任地串连要点并且提高创造连贯性的水平？我们接下来将讨论这个问题。首先我们来看看本章中的第一个故事，领导者将会从中受益。

比利时故事

在不到20年的时间里，一个小保险公司发展成为金融巨头。它诞生于比荷卢经济联盟——比利时、荷兰和卢森堡——并将三个国家的小型银行、保险公司和其他金融机构成功地整合，融为一体。后来，它的业务超出了比荷卢经济联盟的范围，延伸到了土耳其、美国和亚洲。

2007年，富通银行的总裁是比利时人方宏博（Jean-Paul Votron），他是一个魅力型的领导者，在这之前曾在联合利华、花旗银行、荷兰银行担任管理职务。富通银行由荷兰和比利时合资建成，2007年时，集团的决策权转移到比利时布鲁塞尔，其管理层大多数为比利时人。集团董事长为莫里斯·利本斯（Maurice Lippens），他本人是比利时贵族——这一因素在该国商界不可低估。

2006~2007年间，金融业处在持续增长期，好像有无穷无尽的机会。对欧洲继续深化一体化的预期，促使行业内掀起兼并和收购的浪潮。多数人认为欧洲的银行将整合为几家大的泛欧洲银行。唯一的问题是这种整合会不会受到实力雄厚的美国投资银行、快速发展的中国银行或者欧洲国家本身的驱动。银行的管理层也在慎重思考：要么捕猎，要么成为猎物。富通银行的董事会认为他们是猎物。

2007年3月，该银行的300名高管在荷兰海牙的大酒店参加为期两天的企业年会。高层领导者们讨论如何使集团更强大、制定新的战略，以便将业务扩展到比荷卢经济联盟之外。在旁边的一间小会议室里，方宏博正在会见美林银行的投资银行家安德里尔·奥赛尔（Andrea Orcel），其专门从事兼并与收购业务。[2] 奥赛尔建议，利用集团高管都从伦敦飞到海牙开会的这次良机，做出一项决策——一项改变富通银行命运的决策。而对于成千上万将人身保险和养老保险投在富通银行的客户来说，他们的悲剧开始了。

几星期前，巴克莱银行宣布将收购荷兰银行，从而组建首个泛欧洲的大型银行。对荷兰银行来说，它意图通过此举反对某些股东要求将其以分拆形式收购的企图。

奥赛尔向富通银行展示了荷兰银行未来的另一种情境。"你觉得和另外两家银行一起组成财团，收购荷兰银行怎么样？"奥赛尔向方宏博和他的信托公司提出了如此疑问。他还想了解富通银行对荷兰银行在荷兰本土庞大的零售业务网络是否感兴趣。[3]方宏博自然没有立即回复，他需要反复思考这一建议。若刚开始便展现太大热情将不利于后面的谈判。尽管这一举措与他宣布的企业战略方向完全不一致，方宏博还是想参与这次收购。此前他定下的战略是重点培育比荷卢经济联盟以外的发展，而旁边大会议室里的高管们正在讨论这一战略。方宏博心想，邻居家的房子只会卖一次。于是，会议结束后不久，4月13日，富通银行公开宣布加入后来被称为"财团"的联合体。

大幕就此拉开了。财团需要向股东、领导层、雇员、分析师、工会、监管层以及公众说明，这次史无前例的收购将会成功。他们还要说服荷兰银行。荷兰银行强烈反对与财团合并，坚持与巴克莱银行合并的计划。而且，因为比利时和荷兰之间存在传统的竞争关系，他们担心富通银行能否吸收荷兰银行，无论是在文化方面还是在经济方面。荷兰银行是荷兰文化的骄傲代表，将抵制任何融入比利时企业的做法。

与此同时，方宏博和他的管理层抓住每个机会展示他们的能力。他们避免争吵，使组织内部的人员明白，重要的时刻已经到来，经商有时就是需要冒险，富通的领导层向人们说明了他们的做法。消极是于事无补的。

财团的出价比巴克莱银行好很多——尽管有来自荷兰银行管理层的反对声音——财团无疑将在竞争中胜出。2007年10月9日，在富通银行宣布加入财团刚过6个月时，收购协议达成了。

让我们快进到2008年秋天。金融界正在遭遇巨大风暴。从2001年美联储主席艾伦·格林斯潘大幅降息时就已经开始的次贷危机爆发了。雷曼兄弟银行9月破产。救助、援助计划和破产等字眼充斥着报纸头版。不确定性大大增加。

金融风暴也袭击了富通银行。在2008年春天的一次危机中，方宏博被迫辞职，这只是公司走下坡路的开始。2008年9月的最后一个周末，比利时、荷兰、卢森堡的官员齐聚布鲁塞尔商讨对集团的救助计划，使得集团股价上升了近4欧元，但仍然比一年前的股价下跌20%。由于公众怀疑富通银行收购荷兰银行的能力，富通银行股价下跌，传言公司将破产，结果几天内几十亿欧元便被抽走。银行立即陷入清偿危机。经过激烈讨论和连夜谈判，比利时、卢森堡、荷兰的官员共同宣布一项史无前例的资本注入救援计划，力阻富通银行破产。但即使这样也没有使投资者恢复信心。富通银行的股价继续下跌。

2008年10月3日早上，荷兰首相扬·彼得·巴尔克嫩德（Jan Peter Balkenende）、荷兰财政大臣沃特·博斯（Wouter Bos）和荷兰中央银行行长瑙特·威灵克（Nout Wellink）共同出席了历史性的新闻发布会。他们面容憔悴，尽管外表极力掩饰，还是能看出其内心的不安。金融市场开市之前，彻夜的马拉松式讨论刚结束。他们宣布了该国史上最大的救助计划：荷兰政府将出资250亿欧元将荷兰银行（在富通获得所有权后仍保留原名）收归荷兰政府所有。在收购荷兰银行12个月后，富通帝国倒塌了，上演了一出低地国家（指荷兰、比利时、卢森堡）跌宕起伏的戏剧。

黑天鹅？

一年前，方宏博还是如此风光，一年后，他的梦想却突然戏剧性地灰飞烟灭，在这期间究竟发生了什么？雷曼兄弟银行破产，整个金融体系陷入瘫痪，塔勒布所说的"黑天鹅"[4]（比喻非常不可能发生但却有重大影响力的事件）肯定飞来了。富通银行的崩溃仅仅是因为运气不好，还是它在串连要点时出了差错？

但是且慢：反思富通银行的决策，认为它不应该在一个完全与以往不同的情况下做出那种决策是不是纯粹后见之明的偏见？难道当时没有稍微清醒些的金融分析师预测出欧洲金融机构的整合情况吗？

实际上，在当时那是一个可预测的未来，我来证明一下。还记得第4章的未来事实吗？我使用未来事实的方法，对领导者培训班进行预测未来的培训。我从2004年起开始追踪人们对数百件未来事实的投票情况。其中有一个主题是"3年内欧洲银行业将整合为10个大集团"。

图5-1显示了2005~2008年对未来事实的投票情况。参与投票的人被分为462个小组，每个小组有5~7人（因此共有约2500人）。经过一番辩论，他们按照未来事件可能发生、不确定、不可能发生等几种预测情况进行了投票。

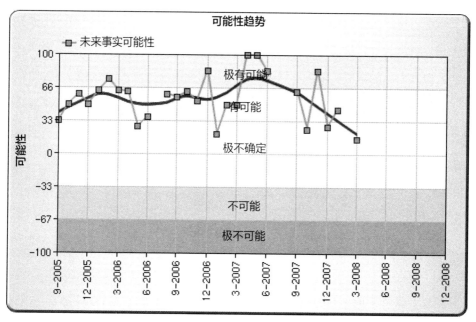

图5-1 对"欧洲银行业将整合为10个大集团"的可能性投票情况

很明显，当时大多数人都认为欧洲银行业的整合是未来很有可能发生的事情。在经济持续繁荣的背景下，富通银行采取的是扩张性的观点和策略，它的领导层没有做好应对不可避免的现实的准备吗？富通银行的总裁和其他决策者应该因发生这种不可预测、不可想象、史无前例的事情而受到指责吗？在当时的情况下，好像他们也不应承担很大的责任。

但是，让我们再回顾一下。富通银行没有足够的现金收购荷兰银行，它不得不依赖金融市场融资。资金短缺是此次交易的致命弱点，富通银行的高管们肯定非常清楚这一点。在正常情况下，资金短缺不是问题，因为运营正常的公司可以到资本市场贷款融资，以后再偿还贷款。但是2008年金融危机之后，金融体系冻结，企业之间的信任消失了，资本市场里的各方都不愿意借钱给别人，富通银行最想走的贷款之路被堵死了。在雷曼兄弟银行破产后，金融市场突然冻结，这是预测不到的，不是吗？

视野狭隘

再仔细想想，富通银行的收购计划其实是"视野狭隘"的结果。从生物学上讲，该术语指的是周边视力丧失，导致非常有限的感知。在本文中我们将它用比喻的方式表达出来，但意思是一样的：我们倾向于只看到眼前的东西——我们想看的，或者受到某种鼓励或刺激想要看到的——而无视周围的事物。视野狭隘造成了一个假象，它排除了与我们想看到的未来不一致的所有早期警报信号。

怎样解释这种现象呢？心智健全、受过良好教育且经历丰富的人为什么会无视现实，只看到符合自己需要的事物呢？我们将深入探讨这个问题，从根本上说，它源自一个叫作"一致原则"（Consistency Principle）的概念。心理学家很久以前就知道这一原则对人类行为的影响，关于这方面最早的研究可以追溯到20世纪四五十年代。[5]人类行为的高度一致性总的来说是有益的。它预示着智慧、稳定、理性、正直和诚实，即我们重视并欣赏的所有事物。其实，如果没有一致性我们的生活将是一团糟，我们的信誉度也会很低。因此，保持一致性的意图深深地根植于我们的行为之中，结果它引发了许多自动行为（automatic behaviors）。说得更具体些，我们的一致性内驱力为我们的行为提供了捷径，因为它不要求我们反复思考、反复评估和深入思考。说服术和影响力研究专家罗伯特·B.西奥迪尼（Robert B. Cialdini）说："我们一旦对某事做出决定，顽固的一致性对我们相当有吸引力：因为我们不必再多想这件事了。"[6]

加拿大心理学家罗伯特·E.诺克斯（Robert E. Knox）和詹姆斯·A.因科斯特（James A. Inkster）展示了一致性是如何产生的。他们发现，在赛马时，人们下赌注后的信心比在下注前增强了许多。尽管什么都没变，赛马获胜的几率在下注前后是完全一样的，人们的信心变化却如此明显，只是因为下了赌注。令人费解的心理变化的根源是因为有欲望，而这碰巧与我们的行为是一致的。西奥迪尼解释道："我们受到自己或他人的压力，要求我们与承诺保持一致——这些压力使我们只按照我们较早时做出的决定的方式行事。"[7]我们说服自己相信这个决定是正确的，对决定感觉良好，做起事来也明显地带有极大的信心。[8]

同样地，视野狭隘也越来越严重。我们需要做出不同的决定，或是面对严酷的现实，而一旦我们下定决心，多数情况下我们的愿景将不由自主地变得非常强烈，从而使得我们的行为也变得非常顽固，即使变成了愚蠢的行为，也不改初衷。

我知道，指责富通银行在当时极为复杂的形势下视野狭隘会使人觉得不公平。在本章下文阐述串连要点的艺术后，我们将再次深入讨论这一话题。真正的艺术：做事时既要考虑到视野狭隘，又要设法避免视野狭隘。正如富通银行事件所显示的，仅仅有依赖于"不可避免的"趋势的强大故事还不足以支撑面向未来的行动计划。别忘了，富通银行对自己、对别人也讲述了一个欧洲银行业大整合的故事，这个故事具有相当的前瞻性,并且有数据支撑,几乎所有的业内人士都看好这一趋势。但是,他们却断送了富通银行的前程。

非理性法则

让我们用一种非常规的方式探讨一些重要的心理学概念:了解资本主义。人是(至少作为一个整体来看)一种理性生物——即经济人——在拥有充足且明确的信息时,会做出最佳选择,目前大部分的经济理论都是建立在这一信念基础之上。理性基础理论盛行了很长时间,当然它也包含了诸如集体考虑等非理性因素的、有细微差别的概念。其理论基础主要有三个层次:[9]

1. 从根本上讲,人类会用大脑思考,并明智地行事(是理性的思考者)。
2. 那些持背离理性观点的人会受到持理性观点的人的反对。换言之,以非理性方式行事的人和寻求非理性风险的人一样,都会遭遇强烈反对——统计数据也支持了这一说法。
3. 当大多数人都背离理性最佳选择时,市场专家(在该理论中被称为"投机者")迅速对非理性差错做出反应,从而又恢复了理性平衡。

在经济学理论中,这被称为"有效市场假说"。[10] 这也是资本主义世界观的核心内容,即只要确保运行环境透明,自由市场会自主调节,达到最优化。换句话说,只要信息透明,政府就应该放手不管,只需做些促进和调节效率的工作。简而言之,这就是资本主义。

这听上去很有逻辑、很通顺,也很理性。"经济学领域里没有哪种理论比有效市场假说更具经验主义色彩。"参与该理论研究的芝加哥大学教授迈克尔·詹森

（Michael Jensen）指出。这种根深蒂固的观念盛行了约一个世纪。

直到心理学家丹尼尔·卡尼曼（Daniel Kahneman）证明了"理性假说从根本上就是错的，人类的决策行为偏离主流经济理论所预测的结果"，这一理论才开始动摇。这一发现使得他荣获2002年诺贝尔经济学奖，从而开创了行为经济学、行为金融学、行为决策学，及其他"行为"学科领域。

行为学科认为，我们本质上是非理性的。它认为，非理性是人类的本性，渗透在我们思考、感知和行为的各个方面。卡尼曼在他的书中证明了这种"令人不快"的现实是广泛存在的。丹尼尔·艾瑞里（Daniel Ariely）也在他的书中详细阐述了人类的非理性。[11]

卡尼曼的研究显示了我们在串连要点时将面临着我们自身的非理性。出现视野狭隘不是运气不好，也并非领导者不作为。要了解视野狭隘就必须先明确，我们是谁，我们是什么样的人：我们的思维和行为天生就是非理性的。你在内心深处可能会觉得，别人是这样的，而你不是这样的，你是一个聪明、思维开阔、勤奋的人。但是，实际上，这种想法本身就是非理性的。你和我一样，都是非理性的。

架构盲区

因此，在我们串连要点之前，我们首先需要了解在形成愿景的过程中避免不了的几个心理学问题，然后我们才能继续努力，克服自身天生的弱点。

马克斯·巴泽曼（Max Bazerman）和迈克尔·沃特金斯（Michael Watkins）在他们合著的《未雨绸缪》（*Predictable Surprises*）一书中揭示了领导力盲点的根源：

> 当组织的领导者对出现的威胁或问题视而不见时，个人的认知偏差就产生了。
> 积极的假象、自我偏见、对未来误判的趋势使得人们无法认识到问题已经产生。

如果他们否定的态度足够强硬，他们还会低估不祥事件发生的可能性。[12]

需要注意的是：我们的天性就是只愿看我们想要看到的。在为我们的团队和组织创造愿景时，这是一个我们必须处理的风险因素。我们强大的愿景会对我们的方向产生深远影响，忽略非理性的人类本性是不明智的。

造成破坏性后果的有两个罪魁祸首：架构盲区和过分自信。

在第2章中，我介绍了架构的认知心理学概念：它是帮助我们认识这个复杂世界的思维模式。[13]在处理感官接收到的信号时，我们的思维能够快速地应用最合适的架构，然后将输入的信号分类。这就是我们快速识别物品的方式，比如，即使我们从未见过眼前的椅子和桌子，也能立即将它们识别归类。

架构在我们的认知功能里属于自主无意识的部分。我们不可避免地要使用这种功能。一方面，它是有益的，因为架构帮助我们产生认知，否则周围的世界将是一片混乱。但是它也有缺点。架构将潜在的有用的，甚至是重要的信息也过滤掉。在我们迅速地、无意识地选择一个架构时，我们也排除了其他可能性，忽视了一些现象，而这一切将会导致我们得出另外的结论。

我们的思维里有架构，组织的思维里也有架构。以微软公司为例，它早期的成功建立在一个清晰的愿景之上：每家每户的每张桌面上都有一台个人电脑。这一表达清晰、语言简洁的愿景给人们留下深刻印象。在那个年代，这个愿景的方向明确，激动人心，并且非同一般。它阐述了一项高尚的事业，真实地表达了微软信奉的理念，构成了该公司的思维模式。

然而这一愿景起初使得微软拒绝互联网，因为在微软的信念体系里，台式机才是中央处理器要服务的核心内容。这个信念没有促使微软在20世纪90年代早期赶上新兴的互联网潮流，结果浏览器市场被网景公司占据（后来微软补救了它的错误，而其他许多公司却没有从错误中走出来）。

所以说，我们的架构是根深蒂固的，它建立在我们成长、受教育和经历的信念体系之上。重新评估和更新架构与这些信念是相冲突的。通常我们不乐意这样做。

架构盲区、外围盲区的存在可以从一个视频中得到证实。在视频中，人们被分成两组，一组穿黑衣，另一组穿白衣，两组人互掷皮球。受试者被要求计算白衣队掷皮球的次数。因为队员在移动，且传球速度快，所以要集中精力计数，一旦将目光从皮球上移开，就有可能漏数。视频开始40秒钟后，一位工作人员装扮成大猩猩走入镜头中央，捶打自己的胸脯后离开。多数人根本没注意到这一插曲，该试验说明，在你集中精力做某事时，要看到外围的情况是多么困难。

如果你没看过上述视频，也可能很熟悉下面的现象。当你专注于准备下一个季度的事情时，很容易忽略更长远的事情。如果不能将这两个任务协调起来，将导致灾难性的后果，这一切都被爱尔兰、冰岛、塞浦路斯、音乐界、金融界、美国汽车制造业、新闻出版业、诺基亚公司、柯达公司或者《不列颠百科全书》中记载的事情证明过了，当然也包括富通银行。我们下文中再讲述这个故事。

过分自信

除了架构盲区，我们还要应对另一个重要的心理挑战：我们与生俱来的过分自信。许多心理学实验都展示了过分自信现象，其中包括高估自己的知识水平和能力，低估风险，夸大自己掌控局面的能力。一项著名的调查显示，绝大多数机动车驾驶者认为自己的驾驶水平处于中上等（仅从定义就可判断，大多数的事情都不可能达到中上等）。

关于过分自信还有几个方面的问题值得一提。首先，我们倾向于隐瞒自己无把握的事实。我在课堂上做过心理学家马克·阿尔伯特（Marc Alpert）和霍华德·雷发（Howard Raiffa）设计的实验。[14]每个参与者要回答10个关于数字的问题（比如尼罗河的长度是多少）。参与者被告知，他们不会知道确切答案。他们被要求给出一个上下限区间，他们应有90%的把握，正确的答案就在这个区间内。因此他们对尼罗河长度有90%把握的答案可能是上限8000英里，下限3000英里。3000~8000英里即为有90%把握的答案区间。这个回答是正确的，因为尼罗河的实际长度是4132英里。

理论上说，有90%把握的区间应该形成90%正确的答案。平均起来，10个问题应该有9个正确答案。但是事实并非如此。没有一个人答对7道题以上，有人只答对2~3道题。总体来看，答对的平均数不超过5个。尽管事先已经明确告知他们不会知道答案，人们还是把区间设定得过小。这是为什么呢？

从概念上说，这里出现的矛盾情况就是"精确性和正确性"。要做到正确答题，最常用的策略就是扩大答案区间，但精确性将下降，同时大的区间也将暴露答题者是没有把握的。该实验似乎显示，人们倾向于被别人视为是精确的（有答错题的风险），而不是正确的（有暴露自己没把握的风险）。因此，他们在心理上更看重精确性，而不是正确性。或者说，他们宁愿答错题，也不愿意承认他们不知道。暴露自己没有把握显然比做错题更严重。

实验结束后，参与者常常会说一些辩解的话。"要是我把区间定得太大，就没意思了。"我听有人这样说。还有人说："这只是一个游戏而已，我想精确一些。"人们说这些话是在假装能够接受不确定性。他们拒绝承认自己表现出了"非理性"的人类本性。毕竟，社会压力逼迫我们了解或大体了解某些知识，在面临一些我们不知道、不确定的事情时，我们宁肯过分自信地自欺欺人。

哈佛大学心理学家埃伦·兰格在她1975年出版的《控制的假象》（Illusion of Control）一书中，[15]阐述了过分自信的另一个重要方面：尽管我们有很强的思考能力，我们却总是相信自己能掌控实际上我们根本掌控不了的局面。在众多的实验中，兰格做了一项关于彩票的实验以证明她的观点。参与实验的人要么被发给一张彩票，要么自己从一堆彩票里抽取一张。其他所有的情况都是一样的（一样的奖金，一样的获胜概率）。彩票开奖前，参与者可以用手里的彩票换取一点儿钱。参与者面临的情况变成了，是用手里的彩票换一点点钱，还是等中奖赚取更多的钱。实验结果是，与被发给彩票的人相比，自己抽取彩票的人特别不愿意用彩票换钱。换句话说，尽管他们中奖的概率并不比别人高，能掌控局面的想法还是给他们造成非理性的错觉，认为机会站在他们这一边。

耶鲁大学经济学教授罗伯特·希勒（Robert Shiller）指出："在不确定的情况下，人们总是寻找熟悉的模式以做出判断，以为未来的模式会像过去的模式一样，而很少考虑模式出现的原因或者重复模式出现的概率。"[16]爱德华·拉索（Edward Russo）和保罗·休梅克说过："预测中过分自信的主要原因是人们很难想象事物发展的所有方式。心理学家称之为可能性偏见：即眼不见心不烦。"[17]

在努力提高串连要点能力的时候，我们必须十分小心这些危险的陷阱。我们在预测未来时，本能地去寻找自己熟悉的模式，而且通常是在最近的一段时间里寻找。如果某些策略性的决定收到了良好的效果，我们会更加高估自己对局势的控制力，并且相信我们未来仍可以使用相似的策略。这种过分自信的现象将阻碍我们认识所有可能的方式，因为我们眼里只有与自己经历最相近的那个观点，并且对它确信无疑。

尝试串连要点时，我们对这些问题一定要有所警惕，下面让我们看一看在大大降低架构盲区和过分自信风险的同时，又能开发连贯性愿景的方法。

神秘的大师

20世纪60年代后期，荷兰皇家壳牌石油公司面临无法准确预测现金流转的问题。资金充足时，许多项目相继开发，一旦资金短缺，这些项目不得不突然中止

（等资金情况改善时才能继续进行）。在壳牌公司内部，他们将资金短缺期称为"冷风"来袭。

公司请了许多专家帮助解决该问题，但是都没有奏效。后来皮埃尔·瓦克（Pierre Wack）也参与了问题研究。

作为壳牌公司市场环境策略部的负责人，瓦克以"不务正业"著称，特别是在这个富于理性、科技含量高、注重业绩的公司里，他的行为显得非常与众不同。他在办公室里焚香，每年都去静养地拜访他的印度导师，他还深受俄罗斯导师乔治·葛吉夫（Jeorges Gurdjieff）的影响。

壳牌公司要求瓦克[18]找到解决办法。这一次，瓦克依然沿用他的非常规处理问题的方式。后来，瓦克因此成为20世纪首屈一指的管理学大师，[19]而与他关系密切的另一位策略顾问哈丁·蒂布斯（Hardin Tibbs）却还是默默无闻。[20]

瓦克将不确定性摆在其解决办法的中心位置，而没有试图把不确定性从他的未来观念里进行限制、减少和排除。想想看，这种方法与大多数解决复杂问题的方法是恰恰相反的。

我们已经习惯了开发模型和架构，以便增强我们在策略兴趣区域（比如，竞争环境、宏观经济发展、生产计划）的控制力，其目的是降低复杂程度和不确定程度。瓦克却反其道而行之。他认为无论模型做得多么精致，不确定性依然存在，于是他把不确定性放在解决办法的核心位置。

既然接受了不确定性，我们就会承认自己在某些方面是无知的，因此就不会只以一种眼光看待事物。换言之，这种方法能有效地处理架构盲区和过分自信造成的陷阱。将不确定性视为未来不可分割的一部分，意味着我们不排斥多种结果，并且更加负责任地培养自己的能力，试图去发现未来的连贯性和逻辑性。瓦克称这种潜在的结果为"情景"，从而开创了策略思维的一个新领域：情景规划。

情景是对几种未来可能发生的情形的逻辑想象。情景规划的目的是设想出多种重要且可能出现的未来,包括出人意料,与我们当前信念体系不符的事情。本质上,它和维纳与卡恩(见第4章)追求的价值是一样的:说明和减少考虑不周的情形,而不是预测未来。

创造未来的记忆

情景规划不是高深的学问。它是由一系列符合逻辑的步骤一步步推理出来的,在设想未来时,它呈现给你最关键的、应予以考虑的情景。

我不准备阐述这种方法的细节(许多其他的书已经阐述过了[21]),而是要从一个较高的角度对其进行论述,并指出一些与开发我们串连要点能力相关的重要元素。

既然情景规划接受不确定性,它就可以应用于任何模棱两可的挑战:你可以开发关于某国未来卫生保健的情景,未来学家的未来之路的情景,以及你个人的未来之路的情景。上述每个领域都有其自身的不确定性,从而使你能够遵循情景规划的步骤,从多种相关的、不同的角度思考问题。

当然,在设计情景规划前,需要先确定主题的范围及其时间段。通常我将时间段设定为3~7年,因为这个时间段足够长,能够看出未来与现在的差别,同时又足够短,能与当下保持关联。接下来我们看一下创建情景的四个阶段。

第一阶段:理解关键的不确定性因素和确定性因素

情景规划的第一步是列出最主要的不确定性因素和确定性因素的清单。不确定性因素包括那些难以预测的发展情景。在实际操作中,这类因素通常可以转化为动力。确定性因素(皮埃尔·瓦克称之为先决因素),指的是能够被准确预测出来的发展情景。

当然,对于不能确知的因素,要提防自负的行为(来自自己的或他人偏见的影响,进而给你施加压力,令你拒不承认事物本身的不可知性),不可贸然给它们贴上可知的标签。然而,之前提到过,的确存在一些我们高度确知的事,比如西方社会的老龄化,比如肥胖人数(或成本)持续增长,比如传统型不可再生能源正消耗殆尽(近年发现的页岩气除外)。此外,还有些现象存在一定变数,不能与确知的事物混为一谈,诸如恐怖势力抬头,科技进一步融入日常生活,金融市场进一步整合等。

通过以上历数,我们旨在发现两个关键的不确定性因素——对高层级读者来说可以称之为两个不可确知的驱动力。一个行之有效的方法就是,首先对每一个不确定性因素的影响力进行分级,进而按照其不确定程度在矩阵中进行分级(如图5-2)。这样就把不确定性因素进行了过滤。不确定性高且影响力大的那些(右上角)就是我们寻找的关键不确定性因素。

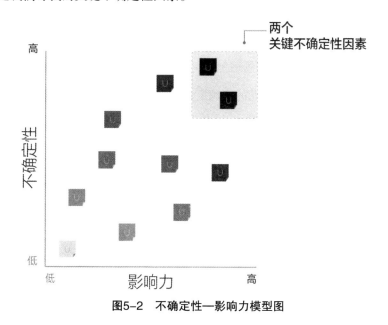

图5-2 不确定性—影响力模型图

在实际操作中,我们通常需要进一步考量、重新分组,有时甚至需要重新措辞,才能找到那两个关键的不确定性因素。在总结完成之后,你便可以进行下一步了。

第二阶段：情景方案梗概

我们暂且将确定性因素搁置，用两个关键性的不确定性因素创建一个坐标图，每一个坐标代表一个不确定性因素。为进一步明确不确定性，你需要弄清楚两个坐标轴的极限是什么。毕竟，它们是不可知的，这就意味着事情有可能朝两个不同方向发展。因此，一个事物的不确定性通常会出现一定范围内的波动，从静止到变化，从进化到革命，从低到高，从整合到解构，从上升到下降，等等。

两个坐标轴有了定义，每一种不确定性因素的最大化情况便显现出来了。尽管带有根本差异，我们使用四个象限做的统计堪称清晰合理。当我们带着极大的不确定性投入工作时，会发现这也是一件非常有趣的事。

在此我们重申一个逻辑：我们所关注的两个不确定性因素分别是影响力最大的那个（也最有趣）和不可知度最高的那个（出现在坐标轴最远端），因此总体看来，四个象限产生出的四个未来情景迥然不同，分别处在各自坐标的最远端，饶有趣味。而且显而易见，每一个存在的不确定性都是合理的。因此，我们的任务是理解他们的全部逻辑含义，而不是片面地、单纯地考虑某一种情景。

举例来说。2009年，我与保罗·休梅克做了一个情景分析实验，目的是观察西方国家如何在经济危机后实现自我过渡。我们在研究过程中的两个关键的、不确定性因素分别是危机的实质（坐标轴的一端是深层次、难以消除的周期性，另一端是可以转化的系统性），以及政府转化角色产生的影响（从暂时性拉动社会经济的干预手段到统治型的直接介入）。

呈现在我们的四个象限中（如图5-3所示），每个区域都显示出截然不同的情景。得到以上数据后，下一步该怎么做？首先，你要从一个引人注意且好记的题目开始，对每一种情景（象限）进行描述。之后再对这一情景展开详细描述：经济发展、科技、秩序、社会背景等因素都存在哪些根本上的差异？有些问题提得好，比

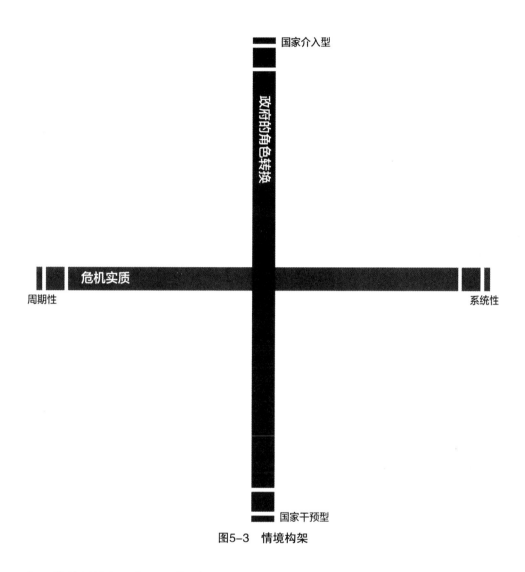

图5-3 情境构架

如：谁是领导者？实现了哪些新进展？民众最重视什么？出现了哪些新科技？社会秩序发生了怎样的改变？权力的制衡有没有发生动摇？

思考上述问题将在你头脑中营造出一幅未来的景象。然后用同样的方式考量其他3种情况。

鉴于我们考察的是西方国家在经济危机过后的一系列过渡转型（如图5-4所

示），我们采用了以下题目：资本主义2.0（尽管存在资源浪费和一定风险，仍然期望自由市场经济回归）；剧烈波动（期望未来没有过多政府干预，剧烈的经济波动不可避免）；看得见的手（根据亚当·斯密"看不见的手"仿造出来的一个词，用来形容政府大规模展开宏观调控的未来）；奥巴马世界（新一代领导团队，在政府角色和政策方面重新赢得公信，更多从道德与社会的视角考虑问题）。进而，我们

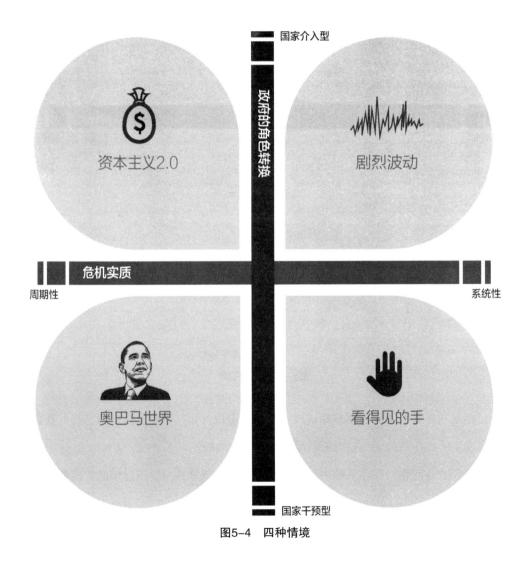

图5-4 四种情境

从社会角度、科技发展角度和社会秩序的改良等方面丰富了每一种情景的内涵。因此，我们最终取得四个未来情景——尽我们所知——都合乎情理，可预见。

第三阶段：理清逻辑

利用这些未来情景，我们力求完成符合逻辑并且连贯的描述。这需要我们找到从当下抵达那种预期的未来情景面前的途径。这也需要我们明确能够驱使未来向该方向发展的力量和主导因素，换言之，需要发生什么，才能实现那种情景？

正如之前所言，这个过程需要完成四次：每象限一次。使用追溯的方法，从对未来的描绘中把过去的点串连起来，从而找到实现这个情景的途径。如果你的情景设定发生在2021年，你就要开始思考2020年前后需要发生什么，才能够合乎情理地实现2021年的预期。下一步，想想2019年需要发生什么，才能够实现2020年的预期。需要注意的是，这种追溯法与趋势分析存在着根本上的不同。趋势分析是用我们近期所知的信息预言未来并往前推断。追溯则恰恰相反：立足未来，思考此刻如何去做才能合理地实现那个预期。

完成上一步骤之后，剩下的是从现在到未来，支撑这个符合逻辑并且连贯的描述的一系列发展问题。为完成这幅图景，你需要反思，还要在你的描绘中整合进一些非关键的不确定性因素和先决条件（如趋势）。

基于符合逻辑并且连贯的途径，用你所掌握的知识加以想象、润色的，以未来情景为导向的故事梗概，我们称之为"情景方案"。通过这一过程，你能够创造出许多有力的、依托未来的描述。面对未来时，它们能调动你的记忆，帮助你理解、讨论并探索发展情景。

第四阶段：探寻深层含义

在进行最后一步之前，你已掌握了四个符合逻辑并且连贯、说服力强的情景方案。现在你需要完成这个实践过程中最重要的一步：为你的机构思考每一种情景的深层含义。需要注意的是，你的个人利益在此首次出现在考量之中。此前所做的努力是展望周围环境——很大程度上这是我们掌控不了的——逐渐展露在你眼前的未来看上去好像将要中断。现在的目标是想象你在每一种情景描述中需要做什么才能够成功。用这种由外而内的视角考察情景与内发的方式截然不同，且避免了其中的弊端。

请思考如下问题：情景方案将如何影响我们的经营和策略？我们此刻如何准备情景方案，以确保操作成功？每一个方案中我们需采取怎样的策略？我们如何预见策略中的偶发因素？该情景出现时，我们该如何应对？我们如何成功地预见情景并为之充分准备？

情景规划大师和学者阿里·德赫斯（Arie de Geus）曾经任职于壳牌公司的策略规划小组，他将这种行为称作"创造未来的记忆"。这个表达很好地指出了该行为的实质：通过预见多种相互关联的未来情景，在思想上做好充分准备。他明确指出，相较于参与行业竞争，一个组织其学习能力的提高则更为迅速，这是唯一的竞争优势，情景规划在这个准备过程中至关重要。此外，它能将过分自信、自身局限性、认知失调等存在的危害降至最低——在运用理性串连过去的要点时，这些弊端都需要格外注意。

壳牌的觉醒

情景规划作为我们提升串连要点能力的一种手段，为了圆满完成对其的探索，这里须提到"神秘的大师"皮埃尔·瓦克的故事。在预测现金的流通性时，面对这个复杂问题，瓦克通过演绎情景方案，从而认清了壳牌未来面临的局面。而他最初使用这一方法是在1970年，那一次他成功预测了石油价格。

在对石油的需求方面，一切都看似稳定且可以预知：石油需求的增长自20世纪60年代末一直持续不断，并且在接下来几年中都没有任何会发生根本性改变的迹象。对于原油的需求是一个先决因素。

而在石油供应方面，却有一些波动。尽管规划部门最初的评估结论是石油供应稳定（资源充足，开采潜力大且运作高效），瓦克却看到了更深层的东西。通过研究眼前几组关键的不确定性，他注意到两个发展动向，在他看来具有潜在的颠覆性，但他没有充分的把握预言这两个发展趋势最终会导致怎样的结果。他注意到美国正逐渐由石油输出国向石油进口国过渡——一方面考虑到原油消耗的增加，另一方面考虑到产量，这个趋势不难预测。瓦克注意到这个发展趋势将导致全球地缘政治权力变化：由于越来越依赖欠发达地区的国家，西方国家的主导地位将逐渐下降。他力图分析这些新的现实问题将如何影响领导行为，尤其对那些掌管原油供应的领导者而言。

对于情景分析，《策略对话的艺术》（*The Art of Strategic Conversation*）中，凯斯·万·德·黑伊登（*Kees van der Heijden*）指出："皮埃尔的最大贡献之一就是情景分析，他坚持先考察周围环境再做决定，而不是仅仅分析技术层面或宏观的现象。"[22] 如此看来，皮埃尔·瓦克是较早研究行为策略的专家。

同样，瓦克也在思考，对石油出产国而言，从它们自身视角出发，继续提高供给量的意义究竟何在。他提出自己的疑窦：政府早晚会意识到他们靠这些本土出产的财富获得利益并非长远之计。然而，这一论点仍可以暂且搁置；如果有任何一个国家退出石油供应链，其他国家可能也很乐意跟着退出。如此，未来石油供应量必将受到冲击。

这就是第二次发展出现在他雷达屏幕的地方。瓦克注意到，数个石油生产国——包括委内瑞拉、伊朗和沙特阿拉伯——已经展开定期会晤、交流。尽管反常，却没人注意到这些国家联盟的会谈；在制定政策时，他们通常被视作没牙的老虎。而瓦克思考了另外一组事件。他意识到，对这些国家而言，很容易就能组织一个石油输出管理机构。现在众所周知的OPEC（石油输出国组织）就由此而来。它通过限制供应、扩大发展和提高油价，改变了石油产业的格局。早在那个时候，瓦克便已经预见到了这个局面。

总之，国家间相互依赖性的加强和对原油产出的严格控制共同构成了这一情景方案的基础。这些不确定性因素导致了世界各个国家实力的重新洗牌。这当中包含"危机情景"：产油国之间相互协作，全心谋求本国的利益和发展。这则故事非常准确地预言了几年后出现的原油危机。

瓦克准确预言危机的故事成为引人入胜的轶事，但故事的重点并不在此。他运用早期的洞察力进行的思考确实起到了不一样的效果。瓦克并没有创造情景，他使用情景吸引高层领导人参与到这种模拟行为练习中，从而使他们在制定决策时更有远见。1973年石油危机爆发时，壳牌执行官们已经对此局面做过相当长期的考量，这是传统发展框架里没有的。他们在思想上已经做好充分准备来迎接这个局面。可以说，在一定程度上，他们早已为未来彩排过。

万·德·黑伊登这样说道：

> 伴随这一情景方案的展开，壳牌预见了1973年10月中东发生的事件，很快调整了投资。大部分炼油工业集团都需要花费数年才能做出这样的决定并完成对该产业的根本性调整，而壳牌一蹴而就，把投资从初期的产油量拓展方面转向对汽油出产质量的改善上，把同行甩在后面。由于行业惯性，炼油能力在工业中供过于求，利润一落千丈。而壳牌早就准备了多套干预方案，因此他们蒙受了相对较少的损失，远胜过行业内其他企业集团。事后证明，这一方案对整个集团都产生了根本性的影响，使之在上世纪较为平稳地度过了动荡的七八十年代。[23]

此次初战告捷后，瓦克的团队又相继预见了1979年更剧烈的石油价格动荡、

1986年世界石油体系的崩溃以及环境、社会问题对企业的持续加压。即便在今天，壳牌仍定期推出并发布未来前景预测，并在发展策略中使其制度化：当新情景被预测出，遍布世界各地的集团领导者必须召集管理团队，专门抽出时间讨论分析这些前景所内含的各种可能性，这已成为他们经营活动的一部分。这样，壳牌源源不断地促使内部人员进行策略对话和反思，确保了集团高层领导们——他们也皆为凡人——不会因自身眼光的局限性而百密一疏。

1980年，壳牌总裁安德烈·贝纳德（André Bénard）曾说："我们从经验中学到，情景分析技术能有力地引导人们去思考未来，比其他任何预测手段都有效。"[24]

富通集团的陨落

我们继续讲完前面提到的那个发生在比利时的故事，来看一下富通集团的破产是否与其领导人没能及时预见周围环境有关。让我们回想以下几个关键因素：经济日渐繁荣；自信心日益高涨；几乎所有人都认为欧洲银行业将落入少数几家大银行的整合控制之下。

2007年年初，富通宣布加入国际财团不久，质疑声便在业内传开。最初的欢心鼓舞转化为领导层的忧心忡忡，员工们逐渐意识到这次加盟与之前的确有着不同的意味。他们的确经验丰富——20年间，集团经历了一系列兼并及收购——但这次真的不一样了，被并购的公司规模更大，情况更加复杂。这次交易由3家公司构成的财团进行，荷兰银行集团文化根深蒂固。

荷兰银行不愿意合作，这在一开始就显而易见；银行首席执行官认为这次合作富有侵略意味，可能会改变富通集团的接管能力，在行为上明确表示愿与巴克莱银行发展更稳定的合作关系。此外，消息一经宣布，财团市值骤增。荷兰银行的市值在证交所一路飙升至400亿欧元，财团更是出资两倍之多。不要忘记，富通为此次并购买单已导致本身资金匮乏，但同时又自负地认为有能力筹得这笔资金。

但首席执行官方宏博对这些批评和质疑无动于衷。没有人就负面性做出思考。他们用尽一切方法笼络人心，让所有人相信成功近在咫尺；他们四处宣讲，营造乐观氛围，力图显示出"我们能行"的姿态。

然而，真相大白的时刻终于到了。荷兰银行竭力退出财团，卖掉了其皇冠上的明珠：美国拉萨尔分行被出售。这一交易标志着其在芝加哥、伊利诺伊和印第安纳地区的控制力均成为抛售计划中的环节。荷兰银行宣布抛售拉萨尔分行给美洲银行数周后，财团宣布了真正意图。他们回应了一则法庭诉讼，作为其发展策略，未经股东同意便将组织内企业抛售，确实是对法制的挑衅。

最初他们赢了官司。7月13日，星期五，财团在最后一场上诉中失利。裁决重创了财团。荷兰银行强烈要求上诉，同时内部质疑愈演愈烈，股价暴跌，内部次贷带来重重隐患，加之天文数字的收购价格和法庭的败诉，此时对财团来说，能顾全颜面地瓦解就实属不易了。多数跟进此案的人都感到，这笔交易将很快宣告取消。

但7月16日，周一，财团宣布投标继续。有幕后传言，富通如果决定此时撤诉，判决将成为最终结果。这实际上已经威胁到了财团中的其他成员，甚至包括苏格兰皇家银行（即将收购拉萨尔银行）。荷兰银行竭力脱离财团的尝试宣告失败。

就发展而言，富通集团的立场让人难以捉摸。为了读懂这个看上去十分奏效的事件，我们必须再一次转向心理学研究领域。

群体思维

富通加入了"假如"这个游戏，对财团来说却更加艰难。假如企业此时面对真相、选择退出怎么办？富通集团很可能选择独立操作，而不是选择并购——也许是法国巴黎银行，也许是荷兰银行；苏格兰皇家银行可能转为非国有，如同现在这样；数以万计的家庭（大多来自比利时）将仍持有退休金和毕生积蓄；当时的苏格兰皇家银行首席执行官弗雷德·古德温（Fred Goodwin）还仍享有着爵士头衔。[25]

但事实并没有这样发生。面对强大的对抗力量，尽管不乏高薪聘请的头脑精明的财务顾问，财团坚持选择促成这笔交易。做出这个决定第二年故事就上演了，这难道可以仅仅归咎于运气差吗？抑或是操作者画地为牢，葬送了前景？

1952年，小威廉·H. 怀特（William H. Whyte Jr.）提出了"群体思维"（groupthink）这个词，摘自上世纪70年代耶鲁大学教授欧文·詹尼斯（Irving Janis）的论著。他为这一概念提供了学术基础，把焦点集中到群体思维的起因方面，并阐述了如何识别并杜绝它的出现。他首先这样描述群体思维："当寻求赞同的人在一个团体内居于主导地位，就容易忽略现实行动的备选方案。集团内部凝聚力愈强，批判性思维被群体思维取代的风险就愈大，这很可能产生针对集团外部的非理性行为。"[26]

富通集团高层领导大部分来自比利时，并以此形成了一个小群体。（此外，执行委员会还存在荷兰人小群体，但对比利时人的群体不能构成反击力量。）然而，在执行委员会中还有一个更重要、更密切的小群体：那些近年来与荷兰银行不睦的人群。首席执行官方宏博本人曾在荷兰银行任职，于20世纪90年代末期跻身董事会。两年后，他之所以选择离开是因为深知自己不可能在集团内拥有一席之地。方宏博曾在莱克斯·克鲁斯特曼（Lex Kloosterman）刚入职富通做策略顾问不久（在他之后，也在荷兰银行竞争首席职位时落选）将这段经历与他分享。他们被里本斯主席召集在一起，而大约10年之前，里本斯曾经与荷兰银行及其主席激烈地争夺过比利时通用银行（这个早期的成功并购使富通集团声名远播，也给两位主席带来痛苦的回忆）。因此富通集团主席、首席执行官、执行委员会负责拟定集团策略的成员——这不容小觑的一组人群，均对荷兰银行积怨已久。

我们继续探讨詹尼斯的言论。他定义了群体思维的8大症状，可以总结归纳为3类：

1. 高估自我。
2. 心胸狭隘。
3. 过分要求一致。

你大概已经觉察到串连要点对这条利益链形成的威胁。第1类症状指膨胀的自信心，第2类症状指视野上的局限性、盲目性，第3类症状给群体增加了动力因素。根据詹尼斯的理论，上述症状表现愈明显，群体思维的弊端就愈突出。

富通集团是否具有这些症状？对自身实力的过高误判，加之富通成功收购并归的经验被一再推广强调——属于第1类症状的两种表现——显然存在于组织领导层中。这次并归比公司以往完成的任何一次都大，但之前并没有出现任何风险警示。至少他们自身没有觉察出任何风险。

执行委员会成员闭目塞听，拒绝聆听批评的声音，即便有充足的理由质疑收购荷兰银行这一行为存在个人复仇的情绪因素（第1类症状的第2种表现，对本群体的道德感怀有坚定不移的信念）。随着财团宣布并归的消息之后，警告信息被所谓的科学道理驳回（将警告信息合理化属于第2类症状）；对于竞价过高的质疑也被无视，因为在这个时候选择撤退，重新拟定更为理性的竞价无疑将耗费太多时间。此时，批判性的立场被视作消极、用心不良，简单说就是无法被接受（对任何反对意见形成模式化认知，属第2类症状）。

总之，富通在缺乏充足资金的情况下参与竞标实属缺乏责任感的行为。它连所需资金的一半都没有募集到。诺森罗克银行立刻终止了银行内部借贷业务，这本应引起富通足够的警觉。他们如何确定在当时的情况下能够稳操胜券地募集到充足的资本？涉足这笔极大的交易，却没有注意到早期警报讯号。

第3类症状包括4种对一致性（自我检查制、一致通过的幻象、对服从的直接压力和自我肯定的精神防御）的要求，使成员间充斥着紧张氛围。在研究案例时，容易看出这一点。[27]

总体而言，当时的局面很容易导致集团陷入群体思维的陷阱。

那又怎样？

詹尼斯所说的群体思维有哪些潜在后果？首先，群体思维会将决策制定过程中的负面评价全部过滤掉。群体思维产生的是一种强烈的、肯定性的偏见，只倾听对将要做出的决策持积极态度的评价。这样，你无法积极有效地考虑其他可供选择的方案，听不到相反的意见，也无法有效地评估决策风险。条件一旦发生改变，做出的选择无法重新评估，紧急预案的重要性就会被集体成员忽略——更别提商议预案细节了。

让我们再细想最后一点。我们从富通案例中学到了什么？如果他们成功地避免了群体思维会怎样？他们是否会做出不加入财团的决定？当时他们想当然地觉得这座邻家大宅只出售一次，收购荷兰银行的机会千载难逢。责备执行官们的急功近利似乎也有失偏颇（即使这与他们不久前刚宣布的"走出荷比卢"战略完全相悖）。

但当重新倾听詹尼斯的言论，你会发现，富通的最大错误之一是这个集团从未认真做过针对突发事件的预案和退出投资策略。富通从未重新拟订过计划，哪怕当局面已发生巨变，最初判断都被证明失败的时候。试想，如果皮埃尔·瓦克与富通执行官们坐在一起，帮他们拟定几套未来发展的情景预测方案，使他们明确何时该重估自己的决策，在何种条件下适时退出竞标，情况又会如何？

那时即便有瓦克在，大概也只有在开始环节才会有人听取他的意见，只因当时富通还在权衡是否加入财团。自此之后，群体思维的影响便弥漫开来。压力和"人生中第一大单"的激励，确实使人势如骑虎——即使外界条件已发生巨变，正如当时富通所面临的那样。当法庭判决时，他们有一个千载难逢的机会退出竞标，但多数人心理上觉得已经为时已晚。他们已经不计其数地局限在狭隘的视角里，自我麻痹时间太长，失去了行动的果敢。

才华横溢还是愚不可及？

如果富通高层曾经在这次冒险的初期拟定了一系列情景方案，详细地分析在何种条件下他们有必要重新考虑竞标，可能就会拥有心智更为敏锐的视角。

因此这是一种更明智的工作方法。但一个持续困扰的问题是我们是否要在未来前景设计中刻意迎合团队领导的预期。不要崇拜那些在集团建设中显示强烈自信的领导者，而是要注意倾听那些敢于表达自己疑窦、能够从不同视角预见到未来的多种可能性的人。我们应当崇拜的难道不该是那些即使意识到自己无法确定当前局势的发展，在决策制定过程中屡屡遭到批评和质疑，仍会去研究退出投资策略的人吗？预见到未来的多重可能性，是否就等于暴露出自己的不确定性，从而影响到自身领导形象呢？

西蒙·西内克（Simon Sinek）在《从"为什么"开始》（Start with Why）一书中，适切地发现："关于领导力存在一个经典悖论：既要坚定不移，又要眼界开阔。他需要执着于远见，矢志不移地朝该方向迈进，同时做到保持一个开阔的视野和心胸。"

2013年6月，印度商学院发布了一则格伦马克公司的案例，发人深省。这家印度制药公司在新药开发项目中采用了一项高风险的创新策略。[28]该公司曾入选福布斯杂志2008年"亚洲地区营收20亿美元以下的中小企业200强"。这个案例引发了一场关于企业家精神、领导能力、创新能力等市场竞争中诱发成功的因素的深入讨论。但总之，这是一个关于企业家视野的研究案例，确切说是关于视野的局限性。

2001年，在创始人之子格林·桑达哈（Glenn Saldanha）的领导下，公司重新进行了市场定位，从一家自1977年成立的普通制药公司转型为一个创新型、着力于新药研发的机构。在2004~2007年间，这一策略取得了巨大成功，前期取得了丰厚收益，并联合默克和辉瑞两大集团客户，创新研制出4种药物。

然而2008年，形势发生了转变。深陷全球金融危机的混乱局面中，其中一种药品被授权方转变了策略，中断了许可；另一种药品因研发过程不顺利而停产。市场和公司信念一夜间骤然改变。"2000~2008年间，我们几乎可谓点石成金。但自2008年起，所有交易都一蹶不振，我们的经营模式面对现实问题束手无策。"首席执行官桑达哈回忆道，"管理团队中弥漫着失望的情绪，人人都在担忧，是否应该或者能够继续进行科研。许多分析师认为，鉴于该项目已不再盈利，我们应该停止投资药品研究。"更糟的还在后面。2009年，第3笔交易又失败了。本来他们可以以拥有4种药品的创新者的光辉形象立足市场，然而仅一年之内，这看似乐观的前景就改变了。

这个案例就此结束，课堂讨论开始了。如果你作为该企业的领导者会怎样做？你会坚持原计划，继续实行高风险策略吗？众所周知，高风险是创新策略的一部分，采取这一策略可能会实现较高的利润。此时肯定有人会发出这样的呼声，如果受不了热，就别进厨房。回顾案例的时候，坚定不移的决心总能奏效。但是果真如此吗？如果用的是自己的钱，自己的工作，你同样会拿去冒险吗？

也许，你会调整方向。但你会去循寻哪条路？你会突然中断发明创新，放弃多年的研究成果吗？会暂时搁置创新议事日程，让公司有喘息的机会，以便适应新局面吗？这对以往汇聚的科研精英和努力营造的企业文化会有什么影响？也许你应该抛售集团的科研创新部门——尽管这几年正逢市值低谷，但这个选择明智吗？

论起冒险的勇气、领导层的两难处境、多重选择方案和其他有价值的策略对话主题，恐怕要讨论很久。

所幸的是，印度商学院同时发布了该公司另一后续案例，报道了格伦马克制药公司实际的操作。[29]该案例集中研究了集团领导人格林·桑达哈。简言之，他坚持创新发展方案。他确实做出了削减成本、调整投资方案等一系列改变，但没动摇过创新发展这一根本信念。回顾2008~2009年间格伦马克公司采取的措施，对基于创新的企业成功的关键因素进行系统总结，桑达哈说："最关键的是要有一个长期发展的目标。其次是创立一个企业内部从上到下的组织文化。人们不得不长期坚持，因为创新就意味着不懈的坚持。我们的坚持和对科研的热忱从来不曾熄灭。失败只是暂时的。"

我们该如何评价他的领导才能？是全情投入还是固执教条？是跟随激情的脚步不惜一切代价还是被冲昏了头脑？是英勇无畏的自信还是丧失理性的自负？能坚持自己真正在乎的东西，还是不愿改变思路、全凭主观臆断？这便是现实中西内克关于领导才能悖论的体现。我们倾向于崇拜敢于冒险开拓的领导人。在桑达哈的对策中，公司采取了自救措施，一方面，公司报道了曾于2010、2011和2012年成功获得研发许可的事迹；另一方面，他坚持采取高风险的创新策略，为此"赌上了基业"，导致许多人蒙受了损失。沿着创新之路走到最后之时，公司已垂危告急，哪怕一点失败都无法承受。从结果上看，我们大概倾向于认为他做了正确的事，但只是后知后觉。面对失败，我们只能通过总结得到教训，而面对成功，我们同样需要总结。

那么，是才华横溢还是愚不可及？思考一下这个问题——你怎么看？

下面是我的想法。关于桑达哈是否解放思想、认真考虑过其他方案，才最终选择坚持创新发展之路，这个案例并没有提及。创新是最好的选择，然而他的思想意志真的是始终坚持、从未动摇吗？我更倾向于相信。纵观这个案例（尽管我不能确定，毕竟没有相关记载），奉献、坚持、果决，这些无疑是优秀的领导品质，但如果固执地坚持，从根本上拒绝改变——即便事后发觉策略性选择是正确的，那这些品格就变成了愚蠢。如果桑达哈排除了先入之见，认真回顾自己的选择，包括退出条件和策略（可能使用情景分析），保持开阔的眼界，最终他会得出这样的结论，坚持走他的道路在当时就是最好的选择，最终他能够取得令人瞩目的成绩。遗憾的是，案例没向读者展示故事的这一部分。但著名英国思想家格雷戈里·贝特森

（Gregory Bateson）曾说过："仅凭一点参考无法定义一个人的智慧有多高。"我认为桑达哈做出了这样的选择：对自己的理念、形象和自尊过分自信。如果我说得对，那这就是愚蠢——甚至可以说事情能有一个较好的结局全凭运气。当我们讨论这样一个案例时，不应将运气与才华混为一谈。

负责任、有远见的领导才能

我们回顾了富通集团失败的案例和格伦马克制药公司成功的案例。考虑多种合理的情景——包括那些与你期望看到的截然不同的前景——进而一步步去做、去实现，是一场奇妙的体验。你将踏入一个决策旅程，一切充满未知。你无须做形式主义的前景计划。印度工业信贷投资银行首席执行官昌达·科克哈尔面对印度发展起步之初朝夕万变的市场环境，这样反思企业成功的经验：

> 我们有一个做情景规划和压力测试的团队。这对任何一家银行来说都至关重要。但光靠这个机制还不够，因为事情每天都在发生变化。今天我看到一家银行发生了一件事，就会认为，同样的事情也有可能发生在我们身上。然后通知我的团队，我们一起集思广益地商讨这件事。这个过程首先需要逐渐走向制度化，同时也需要经常随机调整，没有特定程序可循。[30]

如果单纯需要帮助你减轻来自外在的压力，让你专心着眼现在的话，一个按照既定程序开展的过程可能有帮助。但从多种视角探索未来的思维模式和态度更为重要。承认未来有多种发展前景，你就能战胜自负和盲目，这二者都是人天性中容易犯的错误。

当你处于策略决策的制定阶段、面临一个将对未来产生深远影响的抉择时，如果你能极目眺望未来前景，不被自身的狭隘所局限，那么你就能掌握正确的发展态势了。在那个时刻，你仍然明智、视野开阔，能够全然领会多种抉择背后所隐含的意义及后果。同时，你心理上也能够接受执行了预期抉择后的退出策略。当需要调整计划时，你能够很好地把握。一旦你下定决心并宣布决定，就会受到坚持和投入两种力量的左右。当你说出口，持之以恒便会连续带给你心理压力，即使后面的事实证明这个决定是错误的。

现在，你大概想知道，在这种高压时刻，比如在兼并与收购阶段，当成功之路受到阻碍、情景急转直下的时候，你能否创造未来前景分析。当每个人心中都只关心如何成功地实现兼并收购，或者怎样用尽一切办法保持战略客户关系时，你会把注意力从最紧迫的事情上转移，并且几乎找不到反思情景规划的时间。对吗？

答案取决于你如何定义高层领导人的角色。我相信每一个公司的高层领导在那种变革时期都有一项重要任务，即负责对执行过程进行战略监控。为完成这一任务，他们必须明白，现象可能存在欺骗性，不论是对你还是对其他人。一定要确保不受现象蒙蔽。处于非高层领导地位的人被周围环境所迷惑，可以不承担责任，但作为一个高层领导，你无法逃避责任，因为企业中，你掌控全局。人们希望你勤劳、负责——不能拿工作和大部分人的生计做赌注。

我完全同意这个观点：一个关于如何前进、如何散发自信和决心的故事的确存在战略价值和激励价值——这诚然是领导能力的一部分。关键是，领导者不应被自己的信心蒙蔽。保持开阔的眼界，懂得适时调整战略，才是更重要的战略领导才能，而不是当周围环境都已改变后还固执己见。

你可能还会问，若情况有变，需要制定全新的未来前景，那些智者是否能自主地给出明智的建议？如果他们及时调整视角，是否就不需要做早期的情景分析和制定退出战略，也不需要预测未来的多重可能性？可以这样说，从心理学上讲，这是近乎不可能的。富通集团的领导人适应了固有的思维模式，花了数月的时间一遍又一遍地解释收购是"合乎逻辑"的。并且，他们智慧且高调的顾问也没有纠正这一失误——这笔交易完成后，他们可以从中获得相当丰厚的个人财政奖励。"顾问"

这个头衔，既包含着知识量，又包含着公正性。这显然充满讽刺意味。一旦交易成功，他们将获得巨额报酬。然而，奖励的陷阱不止于此。领导团队，特别是首席执行官，都能从推进这笔交易中收获个人财政利益。

富通集团最致命的疏忽原本是可以避免的。这一经典案例说明了群体思维的危险性，一旦牵涉大额交易或其他项目，它的危害就会迅速地表现出来。你的盲区、固有的非理性因素、自负，都会成为干扰因素，令你无法做出理想抉择。你只有在一个过程开始之初才会明智而理性地选择后退一步，构想一系列关于未来的情景，将各种要点与多种前景联系起来，而不仅是你期望发生的那一种前景。这样你就能看清将来到底还有可能发生什么。此时，还应当注意早期警报信号并对其做出预案，发挥你敏捷的心智，在必要的时候调整方案。你可以安排一两个受托人扮演持不同意见的角色，让他们来做"魔鬼代言人"。或者，你可以把对危机的察觉以其他意见的形式提出来，确保实施的过程不受我们自身性格弱点的干扰，从而树立一个有强烈责任感的领导者形象（图5-5）。

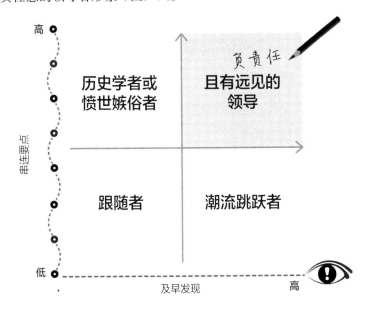

图5-5　四种领导情境

负责任、有远见的领导应当这样做：他们时刻牢记自己的责任感，同时意识到自己性格的弱点，懂得适时采取措施，防止这些缺陷在关键战略环境下误导自己。

只需把过去的事件串连起来思考，我们就会明白，想要预见一件事并不简单。因为未来既复杂又充满变数，所以我们只能根据眼前的表象推知一二。此外，诸如狭隘、盲目、自负等心理因素会令你的视域出现偏差，从而进一步加重预见未来的难度。这些不确定性因素、事件及干预力量很可能导致最终预测出的结果与实际大相径庭。

在理想化状态下，我们应该能随着事态的发展轻松调整视角，以适应改变后的现状。但人都有安于现状的惰性，不愿改变既有的信念系统。这一点在决策中总会起到阻碍作用。结果，很多人都受自身狭隘观点的局限，以画地为牢告终，这当中不乏颇具实力的个人或群体。外部环境已发生显著变化，但他们仍被限定在自己封闭的信念系统内，不愿更新观念适应新环境。

为免受这些风险因素影响，你要用多种方法把过去发生的一件件事串连起来思考，智慧地处理那些不确定因素。不要把不确定性抛在脑后置之不理，也不要给自己的计划和评估预留任何出错的空间。你要学会从不同维度提高自己的预知能力，从而预见未来的全局。这个过程其实充满乐趣。已有充分证据表明，情景分析是一种需要视野开阔、思维敏捷并且有创造力的思维方式，这些品质对提高预见力极有帮助。在某种程度上，你可以将怀疑精神视为战略推理中的一个促进因素，有了它，预测将出现事半功倍的效果。

著名哲学家波特兰·罗素曾说："整个世界的问题就是：傻瓜和狂热者总是自以为是，而明智者充满疑问。"有人说疑窦是智慧的表现，因为你无法预测未来，所以做不到把现在与将来发生的事串连起来思考。因此，我们只有将过去的事串连起来，才能理解其中的相关性。这正是传奇人物斯蒂夫·乔布斯在帕罗奥多市明媚阳光下的那次演讲中提到的金句。

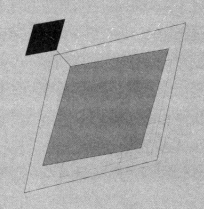

第三部分
预见自我

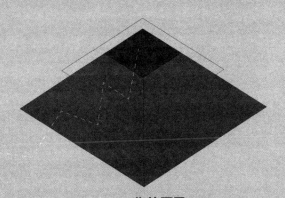

你的愿景

有意识的行为

第 6 章
你的愿景

> 塑造自身个性和远见是领导者自我创造的方式。
>
> ——沃伦·本尼斯

关于如何成为有远见的领导者

谈及领导者的人格维度以及其扮演的关键角色，我非常推崇沃伦·本尼斯的著作。他是领导学领域最卓越的思想家之一。他的里程碑式著作《成为领导者》(*On Becoming a Leader*)——该书名就是启发我本章节写作的灵感来源——是我经常推荐给别人的一本书。在书中，本尼斯从多个维度出发，分析并阐释了对领导力的看法，其中包括四种主要能力：预见力、适应能力、表达能力和团队协作能力。[1]关于预见力和适应能力的分析是贯穿本书的重要内容；关于你的预见力和本尼斯书中的表达能力、协作能力之间的关系，本章将从认同取向方面进行深入探讨。

请牢记，拥护者把你的预见力视作他们决策时的指路明灯，例如，该从何开始，该优先考虑哪些因素，等等。决策一旦成功，作为一个品牌，你的预见能力便能得到最大程度的认可（参见第1章里亚里士多德的修辞学三要素）。此外，追随者需要感受到吸引，才会追随你的决策。这就是所谓的情感诉求。

但我们研究到这里，第三个关键元素始终未曾涉及：领导的协作精神、公信力和权威性。这在亚里士多德笔下被称为信誉诉求。其经典的三要素理论中曾提到："一次成功的游说需要通过讲话者的性格特质实现，我们通过话语的输出判断其可信度。"

这样你的个人性格就需要考虑在内。本尼斯认为"经久不衰的领导魅力源自个性魅力，权威性亦是如此"。[2]哈佛大学教授约翰·科特则表示下属对领导的权威性的实际接受程度要比字面效果更深入："不管是用长篇大论还是精挑细选的几个符号，这样的讯息不一定仅仅因为可以被解读就能够被接受。另外一个对领导能力的巨大挑战是公信力——让别人相信你的决策。"[3]所以为了使你的见地激发能量，发挥出我们已证实的优势，它必须与你的权威性、公信力和协作行为一致。

自我！

你的追随者将持续关注你的言行是否一致。你真的愿意践行——可能是另辟蹊径——这样一条道路吗？他们关心你是否准备好做出必要的牺牲，是否决定改变行为，为前景全力以赴，即使面对压力也不动摇。这就是人们口中的以身作则、身体力行。

这意味着，在你的预见力中，自我是至关重要的，不容小觑。你在决策中的重要角色是由你行为的方式、如何接受自我话语的结果等方式呈现出来的。曾有一位首席执行官在新年致辞中坦言，可持续发展和重组对惠及后人的环保事业具有无可取代的重要性，发展环保事业逻辑正确（论据充分）且理由高尚（为我们的子孙后代留下宜居的星球已经足够崇高）。但是，如果他不愿施加个人影响力，改变某些行为，做出牺牲，甚至表现出这项决策并不适于他自身，那么这个首席执行官的说辞将毫无说服力，更别提带给他人启发及灵感。

我仍然吃惊地看到许多公司的领导宣传"把顾客放在我们一切行为的首要位置"，但是他们的停车场里最好的5个车位都留给了公司的高层领导。公司根深蒂固的信条不需要写成海报贴在墙上，以时刻提醒他们其重要性。宜家创始人英瓦尔·坎普拉德将这些价值观念体现到了他做的每一件事上（或曾做过的事；2013年，已经89岁高龄的他，才对公司事务的热情参与告一段落）。成本意识是宜家模式的核心。没有它，宜家就无法持续生产设计精良的家具。身为世界上最富有的人之一，坎普拉德乘坐经济舱，从机场到酒店也是乘坐巴士，而不是的士。换言之，他的行为与他倡导的价值观一致。这就意味着，宜家不需要咖啡杯或小工艺品来普及其核心信念。

你信奉的生活信条已经是你的一部分了，也必将成为你领导者身份的一部分。在本章，我们将在预见力的自我维度上进行更深入地探讨。

首先，我们来看两种截然不同的预见力：下面是我们尚不熟悉、未被过多使用的杰出案例，但案例中的领导来自非主流的小众世界。在权威性、价值观和行为方面，我们且看能从中收获什么。

乌松的杰作

想象一下如果你是一个生活在20世纪50年代的建筑设计师，已入行10年，仍没留下什么能让人记住名字的作品。那时的世界与今天差别很大：信件仍以手写或打印为主；彩电还是个新事物；街角电话亭也很少见；新闻传播速度很慢；世界还没有达到如此程度的全球化；许多词语——互联网、卡布奇诺、苹果手机、迪拜，甚至随身听、电子游戏、激光打印、信用卡和麦当劳，还不曾出现在我们生活中。在建筑世界里，所有人都在关心如何重建"二战"期间受损的房屋。即便是上世纪六七十年代那些丑陋的钢筋混凝土丛林式建筑，在那个时代都尚未设计出来。

当你尝试做事的时候，注意到在最爱的建筑师月刊上有一则小广告。大洋彼岸有一个国际建筑设计大赛。你计划参加，花时间设计了一些草图，并按要求提交。你并不抱有多大期望，毕竟，你还没有几幅拿得出手的设计，国际上也没什么知名度。你只是交了几页草稿，而且远隔重洋，想去那片建筑即将拔地而起的土地上看看，即使坐飞机也得两整天（别忘了那是上世纪50年代）。

但出人意料的是，6个月后，你收到了胜出的消息：你的作品从来自世界各地的233个设计方案中脱颖而出。显然，你的作品有不凡之处。

即使再往前推半个世纪，你的作品仍然是世界上最美的建筑之一。用美国著名建筑师路易·康（Louis Kahn）的话说，"直到照耀在这座建筑物上，太阳才知道自己的光有多美。"[4] 你的名字是约恩·乌松，你在这场大赛中设计的国家歌剧院位于本纳隆角，这个建筑就是宏伟的悉尼歌剧院。

构思悉尼歌剧院的过程是一个关于前瞻性思维的迷人的故事，故事的中心人物是丹麦建筑设计师约恩·乌松。是什么样的人、多么聪明的头脑和多么有创造性的过程，使得这既美丽又复杂的设计历经半个世纪的风雨，依然是这个世界上好评度、辨识度最高的建筑之一？

2007年，悉尼歌剧院成功入选为世界遗产。乌松成为世界上第二位在有生之年获此殊荣的人。2003年，当他被授予建筑设计界最高荣誉普利茨克奖时，评委会给予他这样的评价："乌松设计了一个领先于这个时代的建筑，远远超越了现有科技水平，面对负面的舆论和异乎寻常的责难，他从未动摇自己的理念，坚持设计出了一个令举国形象都为之改变的建筑作品。"[5] 他的确做到了，因为没有悉尼歌剧院，悉尼，乃至整个澳大利亚都会黯然失色许多。

遗憾的是，乌松生前从未亲眼看到过自己的巨作。他先是在丹麦花了几年时间进行细节创作，随后于1962年举家前往澳大利亚，以亲历其完工。但1965年新当选的政府与他因重新设计发生争论，完全打乱了他的生活。由于薪酬被扣，乌松不得不关闭了自己的工作室，遣散了员工，并于1966年3月撤出了工程。他和家人一起回到祖国丹麦，发誓再也不会踏上澳大利亚的土地。多年以后，悉尼歌剧院甚至在官方历史上遗落了他的名字；实际上，在1973年由维多利亚二世女王出席的开幕庆典上，他的名字都没有被提及。1999年，这种错误的行为才得以纠正。新南威尔士政府和悉尼歌剧院托管方找到了他，请他帮助并参与剧院的重新设计工作。但那时，由于年事已高，他已经不能舟车劳顿前往澳大利亚了。

2008年，乌松去世，享年90岁。他仅在画面上看过自己这个举世闻名的作品。

从乌松的故事里我们发现一个有趣的问题：是什么让他在没有任何实物可以借鉴、没有当今科技辅助手段的情况下设计出如此优雅的、举世无双的建筑？我们对他的创造力、想象力、预见力叹为观止，把这个作品归为天才的神来之笔（它的确如此）。现在，我们一起尝试分析一下乌松的反传统思维过程是如何发生的。

首先，建筑设计师要懂得发自内心地欣赏自然。他的设计模仿的是自然界中关于成长的画面，采用的是一种被他称作加法建筑①的方法。他曾说过一句较有名的话："假如建筑本身能够自然生长，那么它就可以打理好自己。"卡特琳娜·斯迪伯（Katarina Stübe）用照片见证了悉尼歌剧院的雄伟壮美，给约恩·乌松的生命献上

---

① 约恩·乌松认为，根据加法原则进行设计，不仅可以满足设计和规划方面的要求，而且也可以满足所有扩建和调整的要求。原因就在于建筑及其特点产生于组合构件的总和，而非构图或者立面……与纯粹艺术方式建造的建筑相比，加法原则在生产控制、造价和建造时间方面具有一定优势。——译者注

了礼赞（与他的儿子詹合作），乌松说："自然只知道妥协，它接受一切困厄，并把苦难看作整体的一个组成部分。"[6]

因此，他的灵感之源与其他设计师惯用的不同。在参加悉尼歌剧院设计比赛之前，乌松游历了世界各国，从中国到非洲。他拥有开放的内心世界，接纳并广泛吸收不同建筑理念，有意去除自身的传统局限性，从大自然中吸取灵感，寻找自己想象中对应的客体。乌松的开阔思路、好奇心和打破惯性思维的意识都是其卓越预见能力必不可少的因素，我们将在第7章就此展开探讨。

然而，乌松还表现出了另一个关键特质——大部分有远见的人都具备。当你听说他如何在举家迁往澳大利亚后被取消设计工程的权利，当你听说他如何不停地与剥夺了他设计梦的政府官员交涉，你可能会猜测乌松将变成一个心怀愤懑、愤世嫉俗的人。将他所历尽的艰难困苦考虑在内，你会觉得这种推测合情合理。

但他没有这么做。相反，他积极就项目和与其共事的人展开交流，甚至包括那些阻挠他的人。他的儿子詹·乌松回忆："他是我认识的人里最积极乐观的。他从不谈论自己不喜欢的人和事。他谈起的永远是那些积极乐观的趣闻。"[7]

詹在谈及父亲性格的时候回忆起来一则趣事。有一次，父子俩在西属帕尔马港漫步，他们在帕尔马大教堂雄伟壮丽的建筑前停了下来。他父亲询问其中一个看守人，教堂始建于什么时候。看守人回答说大约12世纪。父亲接着问教堂完工的时间。看守人笑着说现在还没有完工——"一直在进行中。"约恩对儿子说："这就是我为什么说'悉尼歌剧院是我一生中的大事'之原因。我花了好几年构想设计理念，又花了好几年争取来一个建造它的许可。现在我知道它一直在建造中，受到人们的喜爱。"[8] 约恩·乌松认为，建筑比建筑师重要，因此对自己的贡献引以为豪。有人可能会说他过于谦虚，大概的确如此。但他的个性和价值观念——他的"信誉诉求"——令他不会将自我和自尊投射到建筑物上，他也不会给人愤世嫉俗或消极的感觉。

有预见力的人通常显得积极、乐观、充满希望（我们在第7章将其称之为"周详"）。实际上，我们在第3章说过，愤世嫉俗是领导能力最大的杀手，对预见力更为如此。记得它的"历史原型"吗？有的人的优势在于能够串联一系列事件，缺点是预见能力太强——这样的人很容易产生愤世情绪。带有愤世嫉俗的情绪，就无法成为有远见的人。即使在人生历程中真的发生了一些事让他变得愤世嫉俗且消极，有远见者也会避免自己出现类似倾向，乌松就是这样的人。

从埃菲尔铁塔跳下

我们再看另一位挑战传统的远见者：极限运动员泰格·克里斯。他有何等眼界？他曾穿着直排轮滑鞋从埃菲尔铁塔上跃下。或者说得更具体些，从这座地标建筑的一级平台上跳下，距地面大约40米高，然后落在斜坡上，速度得以缓冲之后完成这次跳跃。为了让读者更好理解，可以说，那个高度相当于12层楼。如果成功，这项特技将打破直排轮滑鞋在无安全措施的条件下跳跃的世界纪录。如果没有泰格·克里斯的故事，这看上去是极度危险的想法，会是自寻死路的、愚蠢的、不要命的行径，将立刻遭到否定。

这种想法极度危险，不切实际是毋庸置疑的。但泰格的一生都在克服一个又一个的障碍。对他来说，这只是他想挑战的下一个目标。

他生于阿尔及利亚，没有接受过正式教育。母亲是希腊人，父亲是阿尔及利亚人。父母没有送他去念书，而是相信自己的儿子可以通过自己的智慧、想象力和自信获得成功。

泰格从小就对U型滑道感兴趣，不管是使用直排轮滑、滑雪板还是滑板。事实证明他确实对此极具天分。2001年，他成为第一位在比赛中实现双后空翻（双反向旋转）的人，在世界极限运动会上摘得金牌。但他的追求远不止于此。他意识到想要有名气（轮滑并不能短期内带来知名度，即使破纪录），需要更加引人注目的成绩。因此，他计划跳过巴黎圣母院前流经的塞纳河。他选择了一处斜坡，从那个位置上，以合适的速度完成跳跃，可以飞跃这条巴黎的母亲河，在河对岸着陆。他将梦想付诸行动，组建了一支团队，拉到一笔赞助，仅花了18个小时的时间便克服了实现目标道路上的重重障碍。

然而这时候，出现了一个似乎难以逾越的阻碍：最终，巴黎警察部门拒绝授权批准该行为。因为，塞纳河两岸交通会因此活动长时间停滞。他的团队解散了，赞助商撤资了，为了梦想所付出的一切努力看似也付诸东流。由于未能及时与官方机构协调，而且官方不愿支持如此反传统的计划，泰格一时变得消极而愤世。但他终究不是这样的性格。

他重新定位了自己的梦想（或者说，更加富有远见），仍是一次疯狂的特技表演，但地点换成了埃菲尔铁塔。巴黎行政机构列出了一系列情况，试图说服他这场挑战不可能成功，泰格为此展开不懈的沟通。面对泰格，你就能确定一件事：他的词典里没有"不可能"这个词。他能克服障碍，不是靠使自己变得麻木、凶暴、强势。相反，他怀着极负责任的情感站在相反的立场上，是这种态度帮助他实现了梦想。泰格理解为什么巴黎市长反对这样一个极限特技挑战，因为一旦出了差池，将有损著名巴黎地标的形象。他能够从反对者的视角思考问题；没有把反对者看作纯粹的阻碍，他接受他们的批评，积极地寻找方法实现共赢。

还有一件事。

泰格能够克服障碍的一个关键因素是他包容一切的热情。他身上散发出的热情使每一个人都为之动容，并衷心希望他成功。也是这股热情，让他重新找回赞助商，说服巴黎市长，赢得了当时法国总统尼古拉·萨科齐的支持，最终实现了他所预见的"梦想"。

现在,泰格仍是个无所畏惧的狂人吗?当然不是。诚然,他反传统,但同时也讲求实用。他提出了这个预想,且为之倾注了全部热情和专业知识。他从不轻言放弃,也从不教条地固守那些已被证明是错了的东西。面对困难,他没有变得消极愤世,相反,他善于从对立面思考问题,并寻找方法与反对者进行协商。这样,他最终挑战成功,将疯狂的梦想变为现实。

这一切都在2010年5月29日实现了。在10万观众面前,泰格成功完成了埃菲尔铁塔的一跃。当然,他能讲这个故事证明他还活着,而且活得很好,你可以在YouTube上找到他。

等着泰格来到你身边吧:他的新计划是跳遍世界上有名的建筑物,包括纽约洛克菲勒中心。他是那种持之以恒的人。

从泰格的故事中,我们悟出什么道理?诚然,他的梦想与我们的有很大不同,至少与我们大部分人的不同。大多数人都不曾面对他那种生死攸关的极限挑战。我们也没有那样的理想。但这个故事的主角很清楚自己想要的是什么。他克服了难以想象的障碍,激励着周围的人,并赢得了他们的支持,从极大的困境中汲取着能量。那么,是什么赋予他如此坚强的毅力?

热情和真实

约恩·乌松和泰格·克里斯,尽管这两人的日常生活、职业和天赋都相差甚远,但作为有预见力的人,他们存在很多共性。首先,他们都对自己做的事充满热情。他们将信念植入内心深处并持之以恒,从中攫取了源源不断的能量,并将之作为前行的方向。信念让他们去做自己真正想做的事,跨越层层障碍,克服艰难险阻,知进退、明得失,保持朝气蓬勃的面貌。第1章曾提到的彼得·卡皮腾也是如此。他所从事的事业与他的核心信念让他迸发出一种激情。在这热忱的驱使下,他骑自行车征服了法国著名的阿尔普迪埃赛段,筹集到用于癌症研究的经费。当你真正关注你所从事的事,你的热情会将你推送到离成功更近的地方。

但你该如何释放自己的热情,将这个火种点燃并激励你的追随者?明确你的信念和价值观是关键的一步,西蒙·西内克在他的畅销书《从"为什么"开始》中这样说道。当人们能够看到并真切地感受到你所说的就是你内心最关注的,也就是你的"为什么",真诚便在此刻油然而生。

福特前首席执行官艾伦·穆拉利同样强调了真诚的重要性。他回顾了自己如何在2006年将经营每况愈下的公司从破产的边缘挽救回来,再经过3年经营成功让企业扭亏为盈。"领导力的一个重要组成部分就是呈现真实的自我,考虑梦想的可行性,让你的信念指导你的行为。"他曾在采访中这样说道。[9] 穆拉利打心底觉得,为他人服务是一份荣耀。尽管他为了挽救福特,不得已做过一些残酷的决定,但就是这种价值观念激励着他,让他发展了一套博大精深的企业文化,在这个集团内,每个做出贡献的人都应得到尊敬。"当人感受到自己的价值,这便平添了许多乐趣。在一个有利的环境下付出劳动,能得到更多回报。"他在采访中回忆说。这是他发自内心的、真实的信念,转化成个人核心价值观,就是成为为他人服务的那个人。

发现模式

模仿他人,你永远成不了原创。真实就是了解自己是谁,自己代表什么、在乎什么。那些有这种自我认知意识的人知道他们的目标在哪里,他们事业和生活的重心在哪里,他们想留名史册需要付出哪些努力。"能够清醒认识自我的人既不会过分苛责现实,也不会有不切实际地期望。相反,他们会诚实——不管是对自己还是对他人。"《情商》(Emotional Intelligence)作者丹尼尔·戈尔曼(Daniel Goleman)在这部里程碑式的作品中写道。[10]

清楚自己的意图和价值观并不容易。《哈佛商业评论》曾经刊登《发现你真实的领导力》[11]一文，作者为美敦力公司前首席执行官比尔·乔治。文章报道了一项就125位领导者展开的研究，这些领导者都在各自岗位上享有良好的声誉，为人真诚，做事高效。然而即使是这些成功的领导者，他们对于自己行事的动力与核心价值观也并非总有清楚的答案——尽管他们经常自省。"通过分析长达3000页的实验记录，我们的团队非常吃惊地发现，这些人身上并不具备人们通常认为的那些导致成功的性格特征、技巧，乃至处世风格；相反，他们的领导能力多源于生活阅历的积累。有意识或无意识地，他们在现实经历中持续磨炼自己，重写人生故事，以理解自我本质。"[12]

换句话说，发现你的核心价值观是一个不断学习和自省的过程——一开始你可能理不清头绪。不投入一定的时间精力，你的核心价值观将始终处于模糊的状态。关于如何开始这个过程，我在此分享几个方法，但需注意，并不是几个简单的、循序渐进的步骤。甚至对于那些拥有真实自我形象的领导而言，这也是一个从未停止的发现模式，正如《哈佛商业评论》研究揭示的那样。

而且，这个发现的过程可能会充满坎坷、迷惘，甚至令人苦恼。但那些愿意开始并从中发现内在自我的人会发现这其实是一个充实自我的过程，能够将人从思想的束缚中解放出来。发现内在的自我，不仅能够让你更加了解自己，还能让你更加具有感召力，让你拥有更加明晰的目标和更多前行的动力。

我深知，依据经验，许多人发现提高预见力进入到了这个阶段之后充满了挑战。为了使自己的预见有意义，你必须坚持自己的根本立场，坚持自己真正在乎的，坚持自己心中迸发的热情。你持有何种价值观念？你将如何使追随者感受到这是你真实的、真诚的愿景？

有的人觉得这些问题都太温和，拒绝这一系列发现的过程。有些人嘲笑说它太高深（我必须承认在培训的人中我曾见过对此完全置之不理的），但不愿意深度思考这个发现过程，不管是因为无知还是固执己见，都容易产生浅薄、不可信的预见。你需要很好地了解你的核心价值观，这样才能形成可靠的个人关注点、方向和适应力。

柯维、故事和珍珠

你如何发现自己内心深处最看重的东西？如果你很快答复，你的答案也许是诚实、专业、奉献、创造等。这些都是重要的价值，但并不具体，可能只是主观想象的产物。这样几个宽泛的概念并不足以让你看清内心深处的本我，在不断学习和自省的过程中，也不具备太大意义。那么，你该如何进行深度剖析？

在此我提出三种方法，能够帮助你更有效地发掘内在本我。这些方法很有价值，推荐你花时间试一试。

一、总结训练法

第一个训练方法叫作总结训练法（当然你可以在气氛上减去一些肃杀的色彩，比如跟一群共事很长时间的朋友告别，而他们都是你关心在意的人）。史蒂芬·柯维（Stephen Covey）在他的《高效人士的七个习惯》（*7 Habits of Highly Effective People*）一书中推广了这一训练法。但在此之前，该方法就已广为流传。

说起来有些矛盾，但思考自己的死亡确实是明确自己人生要义和价值观的好方法。这个训练采用下面的方法进行。试想自己在生命尽头，你需要写下自己的一生总结，你打算写什么？你认为这一生中对你最重要的是什么，回答如下问题将对你有所帮助：

- 你这一生主要的成就是什么？列出你完成的事业，分析一下它们的成因都包含哪些方面。
- 你最大的成就是什么？为什么你认为这个成就最大？
- 哪些人将从你的记忆中抹去，最怀念你的人是谁？他们怀念你的原因为何？
- 你这一生都帮助过谁？你是怎么帮助他们的？
- 人生向你提出过哪些主要问题？你是如何回答的？

通过思考这些深刻的问题，你的价值观便会浮现出来。人们将因什么而怀念你？是因为你善于项目管理、处理单据和设计营销策略吗？也许你并不擅长，是吗？这里并非说你的日常工作不重要，但你的人生意义远不止于这个层面。但该以何种方式实现人生的意义和价值呢？你爱的人将因何而怀念你？

列一个表，让你的价值观念通过这个训练跃然纸上。当你完成后，考虑一下结果是否真实。这个列表不应包含你出于对角色和责任的考虑而认为自己"应当"说的（于公于私的双方面考虑）。你的价值观念应当如同一件合适的外套：刚好合身。那些不切实际的价值观，即使字面上看上去很好，也不应予以考虑。

现在，再最后浏览一遍你的列表，精简当中的项目。对上面每一条价值进行评估，扪心自问：在你有生之年（或经年后在我们看来），这种价值观是否值得被铭记？你的目标是将价值观限制在3~5条以内。最终结果应当是一些你感觉对此最充满热忱的价值，那些给你激励、你真正在意的、与你性格相符的东西。那才是你人生的核心意义。

需要注意的是，在这个过程中，明确人生的意义并不简单，将生命尽头作为训练行为的起点也会让人感觉不快。但如果严肃而努力地执行这一活动，你将十分可贵地发现自己内心那个真实的领导人。

二、故事训练法

第二个发现自己人生意义的方法是讲故事,因为通过故事,你可以展现出自己的方方面面。我们一生中都曾经历过重大时刻,从中领悟良多。沃伦·本尼斯称这些故事为"熔罐"(crucible)[13]:那些令我们印象深刻的意外经历使我们发生改变,形成个性鲜明的领导能力。

多年前,我与一个跨国公司25位高层领导共事。首席财务官计划从问答环节中途退出。提问始于一项传统演练:涵盖了财务业绩、前景展望、经济形势分析等主题。问答是最后的结束环节,商业问题已处理完毕,一位高层领导问首席财务官,在他看来集团的真正目标是什么。在他思考的同时,我们准备就客户价值、市场份额、利润可持续空间(毕竟他是首席财务官)展开回应。但他并没有这样回复,他说,公司的真正目的是为员工创造幸福。

我们都有些吃惊,只听他说,客户和数字都很重要,但他总忘不了入职之初的一次亲身经历:刚开始工作时,他接到一个任务,是给当时的团队裁员三分之一。当时他便意识到,有一份工作对人的生活至关重要。一旦失去工作,他们将彻底丧失自我价值、梦想和幸福。这段经历让他发现了关怀他人的意义。即使有时候残酷的现实无法避免,身为首席财务官的他仍深信,在他任期内,裁员是最万不得已才会采取的措施。问答环节结束时他说道,15~20年之后,希望在座的每一个人回忆起这段共事的时间,都有幸福感。最终,这将是他最在乎的事。语毕,房间里鸦雀无声。首席财务官这番真诚、意义深远又超乎每个人意料的话,让人们的崇拜之情蔓延滋长。他的团队领导力有多强大,可想而知。

你也有故事——关于你是谁,关于你在乎什么的故事。当你受到考验时,这些故事就开始酝酿,迟早有一天,在一个开心的氛围里,它会被分享出来。想想本尼斯对"熔罐"的定义,寻找那些紧张的、出乎意料的经历,它们真的会锻造你。

在此，有个方法可以让你的人生目标和意义以故事的形式呈现出来。请一个朋友采访你。你的角色就是诚实回答问题；你朋友的角色是从你的回答中确定你的价值观。问题可以做如下设置：

- 描述3种你所经历过的不同场景：
1. 尽力设想你现在面对任何局势都能够轻松自如，所有事情都不费吹灰之力，你的一切行动都是正确的，都是当下最需要的。
2. 意识到从那时起，有些重大改变将伴随你一生。
3. 处在矛盾的两难境地，一方面是公众期望你做到的，另一方面是自我信念要你去坚持的。

- 请你的朋友帮你发掘这些故事的深度，试着问你更多问题，如：你为什么会有这种感觉？为什么当前局面对你如此重要？你当时有过怎样的经历？

当你描述这些局面时，你会传达出很多关于自我的信息，是什么在激励你，什么又对你最重要。在朋友的帮助下，你可以发现故事背后的深层次内涵，你的人生意义便逐渐清晰了。如果你最终的数量过多（重复缩减，目标是保留3~5条价值观），经过校验，如总结训练中那样，只保留列表中核心的几条。

三、"那又怎样？"训练法

最后一个方法是我的好朋友戴维·珀尔（David Pearl）创立的。他最初是从事艺术工作的，后来改行当起了商业顾问。作为曾经的歌剧演员，他的灵感主要来自于表演艺术的世界。因为有双能洞悉事情背后隐藏内容的眼睛，受约瑟夫·坎贝尔（Joseph Campbell）经典故事《英雄之旅》(*The Hero's Journey*) 影响，珀尔注意到好莱坞大片有个非常有趣的地方。当电影中的英雄角色走进生活，我们观众都能理解他们的动力。英雄真正在乎什么？是什么令英雄甘愿历经磨难？大片中的英雄通过一些细节传达给观众这些问题的答案。强大、万夫莫敌的英雄故事可以拍成娱乐电影［如《碟中谍》《虎胆龙威》］，但形象多少有些肤浅。作为观众，对他们为何而战，我们缺乏了解。然而，由于他们的性格贴近生活，那些强大坚定的英雄形象总能吸引我们。

《角斗士》这部大型动作片充满暴力元素，观众对它的第一印象可能与《碟中谍》那类电影类似。但如果我们的英雄将领马克西蒙斯·德西默斯（罗素·克劳饰，并因此角色荣膺奥斯卡最佳男主角奖）只展现他的强悍和英勇无畏，我们对这个角色的喜爱恐怕会打折。然而，这部影片之所以有力度，是因为我们很容易从男主角身上看到自己，即便他每天的所作所为与我们大相径庭。开篇那一幕很经典，非常细致地向观众呈现了角斗士心中人生的意义。决斗开始前的一个清晨，他走过一片农田，用手触碰田地里的庄稼。他手指上带着一枚戒指；周围依稀传来孩子玩耍的声音。我们的角斗士表情凝重、若有所思。他盯着一只美丽的鸟儿，但见鸟儿落在枝头，又飞走了。他就这样看着鸟儿飞走，我们从他的面部表情可以感受出，他对自由的那份热爱，他多么希望自己如同鸟儿一样自由地飞。然后画面切换到角斗场。

在这不足30秒内，我们能够意会角斗士真正在乎的是什么，参加角斗的动力是什么，他每天与背信弃义的罗马人作战有何深层的原因：他的妻子、孩子，他的农场生活，无拘无束的自由。从这个意义上讲，《角斗士》讲的是一个爱情故事。主人公渴望故园生活，渴望与妻子团聚，渴望重获自由。

现在，让我们尝试珀尔的训练法。他认为，人生意义不是日常工作所能显现出的，需要深挖，他的方法应当开始于这样的一段对话："我职业生涯的表象下有一个深层次动力，那是……"请自己完成这个句子。之后，搭档问你："那又怎样？"你的回答需要包含之前提到的"深层动力"，然后接下来的交谈中可以多次出现这个词。

比如，我们假设你这样回答："我的职业生涯有个深层动力，那就是给我的客户们提供创新服务，保障我们公司的持续效益。"（注意，你可不是角斗士……）不错，但谈话不应就此结束。/ 搭档继续问："那又怎样？" / 你回答："这样我就能把我们的业务推向新的方向。" / "那又怎样？" / "这样我可以实现自身成长，可以探寻新的商机。" / "那又怎样？" / "这样我能满足自己的好奇。" / "那又怎样？" / 以这样的形式继续下去。

你需要重复回答"那又怎样？"至少5次，直到搭档无法继续抛出问题。这时候，你便会发现人生的真正意义。如果训练过程控制得当，你的"深层动力"最终概括出来将是极其精简的，至多不超过10个词。它言简意赅，不会有过度的修辞和任何官方化表达。这就是你真正在乎的，它或许是你那颗探知世界的心，或许是为了追逐真知，或许是为了自由，或许是其他一些以自我为主导的理由，这都是很好的答案。

与现实斡旋

上述这3种训练法可以助你越过问题表象，直达更深层次的思考。尽管如此，最后还需注意一点，有人会错误地认为，这些关于发掘自我意识的训练揭露出一个道理，即只有人生的价值观才能告诉人们这辈子哪些事是该做的。这么想就太天真了，因为生活要复杂得多。内心深处的人生价值观能让你更明白你的动力、支柱是什么，但你需要将这些价值观结合现实来理解。

处理自己的人生目标，并将它们融入现实生活，是一门艺术。即你需要平衡两方面，即你必须要做的和你真正看重的。当然，有时两者会有冲突，短期利益会与长期理想相悖。抑或在你有需求时，比如你需要严格削减部门预算，这时就难以顾及团队成员的利益，而后者是你生活中更看重的。或者你最好的朋友卷入一起诈骗，选择忠诚还是正义让你左右为难。

作为领导，按自己的标准解决这种两难局面就是你的任务。你的首要策略或许是调和。首先，要意识到冲突，因为一旦发觉反对声音的存在，唯一方法就是尽快妥善地解决问题。接着，你的目标是调和冲突的双方，寻找方法尽量保障两方利益，在这过程中可能会创建新的局面，引导问题向预期的方向发展。尽管效果不一定尽如人意，但值得一试。

如果调停不奏效，你该怎么做？当你充当的角色和责任逼迫你舍弃一直遵循的价值观（也许你已预见到并做好了充分协调），你会怎样？

耶鲁大学经济学家阿尔伯特·O.赫希曼（Albert O. Hirschman）在《退出、呼声与忠诚》(*Exit, Voice, and Loyalty*) 这部126页的著作中，通过清晰的思维提出了许多可取的意见，远比此处叙述深刻。如果实在无法通过创新的方式协调，你还有三种选择：明确自己的底线，退出；表明立场，接受结果；接受并停下来。这些选择并不好做，无谓对错。

选择退出可以捍卫你的自尊，但结果往往难以尽如人意。现实是残酷的。我们也可以从约恩·乌松的故事中略读出一二：他选择在建造中途退出，拒绝接受新南威尔士政府所要求的对悉尼歌剧院的设计方案进行改动，因为在他看来那是非常不明智的。他明白自己人生的要义，明确自己的底线。然而，结果是他在有生之年没有能亲眼看到自己的作品。

第二种选择，表达你的见解。这可能会导致一系列改变，也可能会招致源源不断的责难，既没创意也无价值。你可能因为坚持原则受到崇拜，也可能因为不妥协招致排挤。

而第三种选择，接受并停止自己的行为，意味着你能保全自己的工作、身份和责任，但需牺牲掉自我价值，也会有人觊觎你的领导地位，因为你没有作为。换言之，处理个人价值观和社会预期的冲突，不是一个简单的问题。你需要与现实斡旋，找出一个更合适的方案，须知这三者各有利弊，要依据具体情况再做判断。

那么你可能会问，如何明确个人价值观在此时发挥了效用。除了那些可能导致破坏性的后果，明确个人价值观对你很有帮助。了解自己的意图和人生要义能够让你在危机时刻不丧失方向；能够让你看到自身的局限，让你少做后悔的事。此外，它还可以起到预防作用：当你明白冲突很快就会出现时，它可以给你时间采取协调措施，防患于未然。当你把价值观融合到对未来的预见中，它就变成一种宣言，提示你该牢记什么、坚信什么。你的预见能力可以化作一种长期的渴望，指引你和你的同伴，即使在面对暂时的压力或与现实发生冲突时，它也能起到协调作用。

弗兰克·里布（Franck Ribound）的故事将告诉我们，外界压力也有办法化解。

达能生态系统

弗兰克·里布是法国达能集团董事长、首席执行官。当时位于巴黎的集团总部正要向美国拓展市场。这家跨国集团主营酸奶及其他乳制品，以及饮用水、婴儿食品和营养药品等。集团始创于1919年，历史辉煌，起初是一家位于巴塞罗那的生产酸奶的小厂。但如今的成就起源于20世纪70年代，里布的父亲安东尼·里布将自己的布苏瓦-苏雄-诺弗塞尔玻璃制品厂与热尔维-达能合并，随着一系列兼并和收购，新的达能集团由此诞生。

1996年，里布从父亲手中接管企业，继任企业首席执行官，对公司的经营进行了许多调整，使得达能发展成今天的样子：主营食品和营养品。到这里故事先告一段落。

这个故事有趣在哪里？请看达能的企业宗旨："通过食品，为尽可能多的人带来健康。"你可能会想，说得虽然好听，但只是一句空话，他们的市场营销做得太好了。但果真如此吗？它不像其他公司那样，只关心年利润（或更糟的说法，季度营业额）？

是——也不是。这家公司公开运营，因此季度利润很重要。但里布想宣传怎样的企业宗旨？他充满激情地宣扬达能集团在社会上所发挥的角色的同时，能保障公司的公信度吗？他这样营造企业文化，动机是什么？

"企业责任并不是走出办公室或工厂大门就终止了，"里布说，"企业提供的岗位能够影响周围所有人的生活。它可以消耗能量、原材料，工作改变着我们这个星球的面貌。公众会提醒我们，在这个工业化社会始终要保持负责任的态度。"在过去10年间，似乎很多企业领导人都说了类似的话，将"企业责任感"作为宣传手段已成一种潮流，不是吗？

但请注意，里布说这句话的时间是1972年，大约过了40年它才开始流行起来。我引用的不是弗兰克·里布的名言，而是他父亲，安东尼·里布在法国雇主联合会上的讲话。这一席话充满远见，在当时也颇具争议。那些对达能公司形象的展望中，最著名的便是"人类关注"，这也是企业核心价值理念之一——与大部分公司不同，这是一种出乎意料的选择（而常见的有专业技能、客户关注力、协作性、灵活性、企业领导力、激情、专注力等）。

这些价值观并非只体现在达能集团墙上张贴的海报上，他们被弗兰克·里布深深记在了心里。2009年，他在回答问题时重述了父亲说过的话："企业如何在严酷的经济、社会环境下取得发展？在所有公司效益中，谋求与周围经济、社会环境的协调最为重要，可以概括为一个词：'企业的生态系统'。"且慢，他在2009年就说了这些话？我们可否还记得1929年那场席卷全世界的金融危机？这段话提到了企业的核心价值观和真实性，而当时企业要面对如此严酷的环境，即使他们在当时并没有收到多少反响。企业的核心价值观需要坚持不懈地营造，就算在危机时刻也一样。

达能集团是如何成功塑造自己负责任的社会形象的？事实上，这是一个长期过程。但你查阅弗兰克·里布的个人生平，你就会发现他为之付出了多么艰辛的努力，绝对不止是完成一道画个勾的选择题那么简单。它已被嵌入领导者的血液里，也从根本上融入了公司的血液中。

在诸多工作中，达能最早创建了"达能社区"，为社会企业运作投资基金。它运营了一只"生计股"，投资碳纤维，旨在为许多偏远地区创造一定的社会价值。2009年，当整个世界经历着前所未有的金融风暴时，它向达能生态系统基金捐出了1亿欧元，极大地促进了有益于社会发展的项目和工程。

该次捐助的使命是"为促进达能生态系统完善运营、贡献社会，使当地社会经济能力通过融资与合作得以重建"。筹措资金的先决条件表明，项目须提供工作岗位并保障员工收入（面向每一个社会成员提供），提高企业竞争力及综合实力。在2013年，集团投资支持了将近50个项目，以预防土耳其当地儿童新陈代谢紊乱、完善埃及当地社区牛奶供应链，此外对墨西哥废品回收、巴西保姆市场、印度尼西亚农业等均有涉足。高层领导创建企业内部项目以使用这些资源，并对其负责。想成功运用达能生态系统资金，前提是该项目是非盈利性质的。

里布在现实生活需求、社会责任和贡献社会的初衷之间找到了平衡，并带给人们激励。他在人生中这个阶段的所作所为对外界产生了巨大影响。我曾听许多首席执行官说过，在退休的时候很想回馈社会。但为什么要等到那时？如果你真的对社会饱含热情，何不在自己影响力的巅峰时期行动？当然，全身而退后，经营人脉、为子孙的未来操持也会带给你充实。但既然明白人生要义，清楚自己真正看重的东西，你完全可以通过将这些因素整合进自己的领导力，在人生的巅峰时刻产生更大的影响——你的视野。里布很幸运，他做到了。

发现了最基本的"为什么"和"怎么办"，即人生最重要的价值观和信念，对于发现内在本我很有帮助。当你的项目、动机、行为都成为内心的真诚流露时，激

// 预见力 ANTICIPATE //

情也就随之产生了。人们会关注你，你的目光变得更有神采，语调开始抑扬顿挫，整个人看上去有用不完的能量，激情充满你生活的每一天。自我的魅力也会展露出来。

泰格·克里斯从埃菲尔铁塔上跃下后，他宣布自己这一跳"激发了青年人超越自我的愿望，让他们去追逐自己的热忱和梦想吧"。你可能觉得这些话太空洞，但想想泰格的人生故事（一个没有受过正式教育的年轻人，穷其一生克服重重障碍，只因内心深深地渴望被认可），你会发现，这就是内心最真实的自我。约恩·乌松的目标不是获得多大名气，而是想设计出一个让后人仰慕、欣赏的建筑作品。尽管他们从事的领域相距甚远，但他们都时刻牢记着自己内心深处的人生要义（弗兰克·里布亦如此）。他们就是这样投入能力和热情、克服困难与阻挠，最终走向了成功。

明白人生的真正要义和核心价值观将对你形成领导能力产生巨大帮助，同时让你具有更卓越的眼界。

要想让你的故事充满真诚、热情且富有感召力，就必须将视野着眼于这些基本问题。这三个特质在展望未来的过程中至关重要。

需记住，这并不意味着你把所有精力都放在与人生目标、意义相关的事情上。切记不要这样。有些你并不十分关切的事情同样需要投入时间去做。但就你的领导力而言，特别是展望未来的视野，认清真实的自己能够创造切实的可信度并能够释放能量和灵感，会令你更具远见卓识。

第 7 章
有意识的行为

> 如果你的行为能够带给他人更多梦想、更多知识、更多行动,让他们更充实,那么你就是领导者。
>
> ——约翰·昆西·亚当斯

在第6章,我们探寻了内心那个富有远见的自我。明白你真正关注的东西是什么,那些赋予你激情和真诚的人生意义何在,这对鼓舞士气、调动干劲很有帮助。

做一个真诚、可靠的领导者意味着你要将自己宣扬的东西在实践中充分展现出来。你真实的感觉和信念并不是靠语言表达出来的,而是要看你的实际行为。只有当你言行一致、你的行为与梦想相符,团队中的其他人才会建立起对你的信赖、与你更好地协作。尤其是当所谓的检验真理的时刻到来时,你面对着一个两难的抉择。在这种局面下,团队信心和大家对你领导能力的信赖是增强还是消弱殆尽,完全取决于你的表现。

此外，有一点容易被忽略。研究证明，你的行为不仅向他人宣告你的立场，对你自己同样有影响。你所表现出的迹象，你在实际当中的做法，无不透露着你的个人信念、价值观和态度[1]——记住库尔特·冯内古特（Kurt Vonnegut）的名言："我们装成什么样子，就会变成什么样子，所以我们必须要注意自己装出来的样子。"

在本章中，我们将进一步思考"有远见的行为"真正的含义。怎样提高自己在领导工作中的前瞻性？哪些问题需要注意，哪些行为能帮助你提高领导水平？

首先，我们来看一些新奇的东西。

太阳能公路

有没有能产生能量的道路？对这样一个问题，你大概不会花时间去思考。提到公路，你会联想到漆黑的、布满灰尘的或者拥堵不堪的道路——这与活跃奔放、产生动力的能源有什么关系呢？对于这种与现实相差甚远的想法，值得浪费脑力去思考吗？

2007年，斯科特·布鲁索沃和妻子朱莉开始讨论全球变暖问题。他们警觉到，尽管科学界已经做出悲观的预测，各界名人、媒体也竞相关注，提出的对策却少之又少。一天，他们在爱达荷州的家中，斯科特和朱莉就他们关心的问题展开讨论，用头脑风暴的方法集思广益。斯科特是一名电力工程师，一直对汽车的创新研发抱有浓厚的兴趣。从小他就梦想建设一条电子公路，让轨道玩具车在上面行驶。

突然，朱莉提议，能不能通过太阳能面板实现他儿时的梦想。斯科特立刻否决了妻子的想法，笑道："你不可能把车开在太阳能面板上。"但他转念一想，虽然，需要克服的障碍很多，但最终，有什么不可能呢？美国一个国家就有2.8万平方英里的公路，经过阳光的持续照射，就可以收集热能。为什么不将这种免费的能源收集起来加以利用呢？[2]

斯科特的逆向思维模式充满创造力和开拓性。第一反应是否决——这个想法听上去太不切实际，甚至可笑。一旦付诸实施，限制条件太多，很可能行不通。直到有人说"但如果你这样做……"，瞬间这个疯狂的念头听上去变得合情合理。

即便现在，你大概也在对用太阳能板取代沥青的想法充满怀疑。你内心假定的思维框架开始干扰你，阻止你接受一系列观念上的假定（"太阳能板是建造屋顶用的，不能修路""为什么要用太阳能板修路？还是把它们放在沙漠里吧"）、技术上的假定（"玻璃承受不了一辆满载的卡车的重量""路面太滑了吧，下雨怎么办？"），以及实践操作上的假定（"这么远的路途，无法实现太阳能的有效转化"）。

但你可以暂时不去考虑这些"事实"，想想这是个多么伟大的念头。公路终将被取代，如果比使用沥青更经济，为何不试试？

斯科特·布鲁索和妻子朱莉没有被这些潜在的困难吓倒。2007年，他们创办了太阳能之路公司，从那时起，他们就频繁去多所大学宣传该理念，受到很多年轻工程师的关注。2009年，他们收到美国联邦公路管理局的资助，终于得以实现了他们的梦想：特殊材质的玻璃，足够坚固以支撑满载的卡车，摩擦力够大不至于打滑，足够透明可以使阳光穿过，带有亚光效果可以避免太阳光反射到驾驶员脸上。一时间，他们的故事跃上各大媒体，从CNN到《莫斯科时报》，最终获得美国通用电气公司的支持。太阳能之路作为改变世界的想法参加了各种竞赛，成为创造性思维、前瞻性思维和想象力的最好范例。显然，如今这一理念已不再奇怪。

他们的故事还告诉我们，目标可以为愿景注入动力。一切需要的因素都在这里：从赋予它意义到探索想象，从挑战固有思维、迎接创新到一个崇高的事业。

专念还是思维惰性

我们需具备怎样的思维模式和态度，才能够做到思考、自省，并产生深远的见地？我们如何拥有这种思维模式？显然，没有固定答案，也没有神药可以让人顷刻间充满智慧。但从哈佛大学心理学家艾伦·兰格的著作中，我们可以学习如何培养自我的预见力。

她花费了30多年研究这个被她称作"专念"（Mindfulness）的东西。兰格所指的"专念"不是当下盛行的佛教当中那个概念，那指的是一种对于当下的积极关注；兰格所说的专念指的是一种思维模式和态度，可以引领人们发现新事物。

为了更好地了解兰格的这个概念，我们先从它的对立面"思维惰性"入手。试想，在城市拥挤的街道上，你看见一位女士坐在路旁。很显然，她独自一人出门，遇上了麻烦。她说自己扭伤了膝关节，需要帮助。你问怎么样能帮上忙，她请你去不远处的药店买布织绷带。于是你来到药店，问售货员有没有布织绷带，售货员回答，很抱歉，卖光了。这时你该怎么办？

这是艾伦·兰格的一项实验，[3]让一个人假扮受伤者，而且事先安排一名药店售货员说布织绷带卖光了。兰格想知道在这种情况下，人们能否完成特定任务。结果，25名受试帮忙者中无一人询问药店售货员有没有其他可以替代的药品。他们无一例外空手走出药房，找到受伤者，告诉她药房里的布织绷带卖完了。兰格总结，明确的指令——去哪个药店买哪一种布织绷带——能助长人思维的惰性。在她的著作中，兰格解释了出现惰性思维的几个常见原因：

1. 习惯于划分范畴。
2. 照章办事，服从行为惯性。
3. 从单一视角考虑问题（扭伤膝关节者的例子充分说明了这一点）。[4]

第一点需要解释。"范畴"一词属于心理学术语,我们通过划分范畴并区分不同范畴来感受我们周围的世界,比如对一个咖啡杯、一扇门、老板、法国人、危险等事物的认知。这是一个必要的过程,因为这个世界五花八门,纷乱复杂。但一旦范畴得以确定,运用到我们的认知过程中,我们就会受其左右。我们最终会成为受害者,被范畴蒙蔽,忘记它只是头脑中的一个范式,而不是真实客体。当我们面对思维上的惰性选择屈服,这些范畴就会决定我们对事物的认知,我们往往会丧失客观性,陷入教条思维。

你大概已经注意到,范畴与我们在第2章提及的"心理框定"有些类似。为不影响周围纯粹主义者的理解,暂且保留这条术语。范畴与框定同样能阻碍我们的创造力,减弱我们的全局观和应对当下挑战的能力。发现新事物、突破传统思维和看法都需要我们从头划分范畴,重新思考那些被我们按以往经验和惯性思维直接贴上标签的事物。用一个熟悉的术语表述,那就是"再框定",这一概念在第2章"谷歌会怎么做"一节中已有所涉猎:用全新的思维模式去看待并呈现客观现实,能帮助我们发现新视角、想出新点子。

除了范畴和单一视角,兰格还指出一个思维陷阱,即"照章办事"。这是惰性思维的结果,通常是做事的人在执行行为时没有用心思考,心理学上称之为"定型反应"(Stereotyped responses)。"奇怪的是,尽管这个概念当下频繁出现,未来必将越来越重要,但大多数人仍对这种惯性行为模式知之甚少。"[5]心理学荣誉教授、影响力思维先驱罗伯特·B. 西奥迪尼说道。当你开车时间过长时,很可能就会突然发现车速在不经意间已提高了很多。在驾驶过程中,思维惰性已开始影响你。这只是惰性的一种外显形式。

但兰格指出:"思维惰性的后果可能是微乎其微的,也可能是灾难性的。"[6]在这种思维惰性下产生的行为也同样僵硬呆板——尽管你可能对这件事本身很在乎——当你在处理一个需求或请求时,看上去好像不假思索,因为你没有用批判性眼光审视过它。我们来看一个后果较为严重的经典案例。

1961年，耶鲁大学心理学家斯坦利·米尔格伦（Stanley Milgram）在一项颇具争议的研究中展示了一个关于思维惰性的案例。米尔格伦想要通过实验来研究和理解人们的服从性，结果65%的人迫于权威和例行程序的压力选择做出有悖于自己良知的行为。在实验中，受试者与"学生"被安排在不同房间，每当学生回答错一次设定好的题目，就会遭到由受试者发起的一次电击，而这些学生实际上是由实验助手假扮的，他们故意答错问题。错误越来越多，工作人员命令受试者施加电击，而且要加大强度。受试者看不见学生，只能听见他们的呻吟、叫喊声（这些电击实际上都是假的，这些都是米尔格伦的事先安排）。伴随电击强度加大，惨叫声也越来越大，甚至到了令人恐怖的程度，但工作人员仍要求受试者继续加大电击力度——即使在受试者感到紧张焦虑，害怕导致"学生"生命危险的时候。权威的形象足以让受试者服从并执行这一环节。

米尔格伦的实验也强调了规则的影响。一旦我们遵循了某种规则，通常就不再怀疑行为是否正确，只是一味地执行，尤其在权威人物的监督或强迫下。事后，我们往往会跳出常规，反省之前的行为举动，然后恍然大悟自己已经做错了这么多。这也是像安然公司这样的企业卷入诈骗的原因。因为公司持续引进了计划诈骗的员工，企业文化也就没能展露出来。这个过程很缓慢，一开始没有行为上的表现，随着老板不断嘉奖"企业"精神，最终发展到难以控制的地步。思维惰性越是在我们思绪集中时越会产生影响——当我们全力关注一件事时，也能产生影响。

愚蠢的一致原则

关于一致原则，我们曾在第5章中提到局限性思维时有所涉猎。它可以用来解释那些思维惰性、照章办事行为的原因。一旦我们专注做某件事,就特别倾向于如承诺所说的那样去做,尤其当这个承诺是口头做出的或在公开场合做出的,而且实现起来需要付出一定努力的时候。这个口头承诺关乎我们个人形象,等于向外界宣告了我们的立场。因为我们不想受累去重新思考这个问题,承诺便对思考我们的行为举止提供了捷径。[7]

当然,这样做是有好处的:我们面对挑战时,经过思索得出结论,然后全力以赴,开始团结协作。但要警惕,思维惰性此时会悄然产生。下定决心后,有些信息便会在头脑中固化,使我们不再思考自己所处的位置。我们盲目地朝着一个方向去走捷径,其实就是为了维持自己言出必果的形象。

事实上,保持这种一致性是错误且愚蠢的。有时候我们只知道顾及情绪,往往已经在惯性思维中离理想结果越来越远。

这是推销员经常用到的销售技巧——它的名字是"得寸进尺法"。我曾有过这样一段经历,也许大部分人曾或多或少体验过。一天晚上,我收到电话销售公司的一位营销员的电话。一接到电话我就意识到这是个无用的电话,丝毫没有引起我的兴趣,于是想挂断,然而却等了很长时间才打断了电话那边口若悬河的演讲。(我本可以直接打断,但出于多年养成的礼貌没有这样做,大概与小时候的教养模式有关,我没有表现得那么粗鲁。)但他的所作所为确实很聪明。他并没有向我出售他想推销的产品,而是先告诉我有些完全免费的东西给我,没有附加条件,这是没有人会拒绝的。我知道自己已经对他提供的产品或服务感兴趣了,我的思维在飞速跳跃,想着下一步他会谈到什么。但在当时,我真的无法给出拒绝一个无任何附加条件、完全免费的商品或服务的理由,相信大家都会跟我一样。因此,我说他很聪明,但既然我有话语权,便又立刻补充道,我对他的产品不感兴趣,想终结这次谈话。他又绕到之前的话题,迷惑且有说服力地重申,完全免费的东西,没有人能拒绝,且没有附加条件。他抓住了我的话柄:我必须言行一致。当我意识到自己食言了，便会为自己羞愧。这与他用一些东西诱惑了我（稍候便能实现）并无多大联系，而是因为我想做到言出必果。言行一致的时候你不一定感觉愉快，但言行一旦不一致，你就会有种强烈的冲动去纠正。这就是推销员想看到的结果，因为想保持一致性，我就必须听完他的话，无疑，那时候我就会接受他的推介。有种不协调的东西绊住了我，践踏了我从小接受到的道德教育。我感觉自己很愚蠢。我意识到，一致性原则在这个案例上被运用得精妙无比。

由于对一致性原则的愚昧坚持，人们常常陷入惰性思维，我们可能会投入到一件事中，无暇思考其对未来行为可能产生的深远影响。还有一个典型的案例，来自社会学家乔纳森·弗里德曼（Jonathan Freedman）和斯科特·福瑞瑟（Scott Fraser）1966年的一个实验。[8] 他们让一名研究人员假扮成安全管理工作志愿者，在加利福尼亚州一个社区上门服务。他带着一个让人恼火的请求：询问住户是否愿意在自家院子门口放置一个大标语"小心驾驶"。他带着一张标语样图的照片，那幅图足有一个房子那么大，完全遮挡住了后面的房屋。当然，几乎没人同意（高达83%的居民拒绝了）。但有一个小群体的居民没有表示反对，在这群人中，76%的人表示同意放置标语。这群人有什么特别之处呢？

两周后，这个小群体的居民又被另一个"志愿者"造访，当然他同样来自该研究小组。他来到住户家，征询他们是否愿意在自家邮箱上张贴一张大约3平方英寸的小标语"谨慎驾驶"。这个要求很容易被接受，作为好市民，加之为了社区儿童的出行安全考虑，几乎所有人都同意张贴这个标语。但他们并不知道，同意两周前的建议在后来评价这个荒谬提议中扮演着重要角色。第一个请求让居民意识到他们的价值观和立场（安全驾驶对社区安全很重要），从一定程度上赋予了他们自我形象。当收到第二个提议时，一致性原则让他们不假思索地接受了一个荒谬提议。之前有人告诉他们要为社区安全驾驶负责，因而他们心理上产生了遵从一致性的需求。

愚昧的一致性原则阻碍了我们对未来的预知判断，限制了我们的视角，让我们难以跳出传统观念的囹圄，倾向于像以前一样行事。兰格指出，这终将导致思维惰性："当面对一件以前从未发生的事，人们通常感觉这件事无法实现。只有不断质疑这种先入为主的想法，事情才能有所进展。否则，事情还会像原来那样没有进展。"[9]

这一规律适用于我们普通人，同样也适用于大型组织，我们很久以前便已发现。在20世纪70年代出版的《第二次美国革命》(*The Second American Revolution*)中，约翰·D.洛克菲勒经观察得出："组织是一个系统，有其自身的运行法则，传统和惰性也从中起着作用。系统基于已尝试或已被证实的方法行事，不倾向于承担风险或尝试新方向。"[10]

我们需要克服思维惰性，用心做事，这对于拓展我们的预见能力十分重要。专念是一种优秀的领导品质。

专念，带上两个

那么领导力中的专念到底指的是什么？我们用一则小故事告诉大家。我有个朋友在波音747飞机上做了25年空乘，现在是一名机组事务长。这份工作需要有高度的责任感；她的工作就是在事情出错的时候掌控局面，并且她必须做出决定、采取实际行动（当然，同她的值班机组一起），保障全体乘客的安全，她的压力很大。尽管很少碰上事故，但一旦发生纠纷，她必须全力以赴去应对。因此，这个岗位的职责不容小觑。

你可能会认为，经历过无数次起飞和降落，并且她同样定期参加安全培训，因此她拥有丰富的经验，可以在紧急情况下沉着反应。但果真如此吗？

实际上，她知道只具备经验是不够的，如果因此带有思维惰性，那么危急时刻出错的风险会相当大，不管接受过多少培训都无济于事。所以，她每飞一次航班都会有意地多做一些事。因为起飞和降落是航班事故的多发时段，她就座后总要先花30秒在脑海中过一遍紧急情况的处理程序，这种行为伴随了她的每一次飞行，每一次起飞与降落。这就是实践中的专念领导的表现。

须知，思维惰性是人生而具有的一种天性，这种天性总会时不时地在生活中表现出来。避免陷入这种状况最好的办法是在它要出现时先觉察到；阶段性评估、如实地对近期行为进行自我反省等都有助于培养这种专念意识。其次，你可以进行一些实践，帮助你降低惰性思维在工作中可能造成的风险，就像我这位朋友所做的一样，因为知道突发事件出现时仅凭固定程序无法及时处理问题，因此总是用心对待，认真行事。

如此认真处理事情，我们能从中收获什么？根据兰格研究，用心做事可产生三种行为：

1. 创造新范畴。
2. 乐于接受新信息。
3. 能够采纳多方观点。

第一种行为跟重新定义、打破思维格局、重新给事物归类有关——向旧有思维挑战的意识和愿望。举个例子，孩童总是在行为中充满创造力、想象力，成年人则不具备。一生所有的阅历都在我们的头脑中被归为一个个范畴，形成固有模式和一个信念系统作为我们赖以行动的标准和动力。有意识地重新定义范畴能够为我们注入全新的洞察力，让我们在决策中能够考虑更周全。但这个过程需要我们对旧有观念系统提出挑战。

正因如此，约恩·乌松（在第6章提到过）从大自然汲取灵感并创作设计了悉尼歌剧院。也正是这样，马尔科姆·麦克莱恩（在第3章提到过）为他的卡车尾部发明了集装箱——后来，我们用拖车这个范畴定义了它。同样如此，斯科特·布鲁索和他的妻子朱莉重新定义了太阳能板，把它从屋顶拿下来铺在脚下，践行了太阳能公路的梦想。

其次，用心做事会让你在不经意间变得更乐于接受新信息。这一点听上去简单，做起来却很难。大部分人都认为自己很开明，同时又习惯听从以往生活中学到的那些"真相"，对其高度信服，并在生活中加以坚持。我们不愿看到这些"真相"遭受挑战或被推翻，那样我们会不安、迷茫、不自在。这就是为何我们总把自己不认同、不愿相信的观点自然屏蔽，在新信息铺天盖地而来时，我们倾向于选择维持现状。

所以说，当你失去平衡时，不会有保护性行为自然发生，让我们来看这一现象的物理类比。在一个研究动机障碍的试验中，受试者被蒙上眼睛捆绑在椅子上，沿着一个垂直杆旋转。当椅子停止转动时，受试者仍有旋转感。但大约一到两分钟后，他们的内在生理平衡机制完成了自我调节，开始给大脑发射信号，令旋转感消失。

稍后，实验人员要求受试者将头部往前倾斜，瞬间他们又一次感受到了旋转。这个动作将他们的自身内在平衡机制打乱，立刻导致头晕、恶心等症状。这个原始反射让人想立刻回到稳定的状态，避免由于过度晃动引起的不适。

这个隐喻象征了我们对新知识的开放度。我们喜欢在稳定状态下生活，在这种状态下围绕我们的一切都是平衡运转的。当我们将头部向前倾斜到窗外，就接收到了新知识，撤回稳定状态就是为了避免那种不适感。有时候我们对新信息嗤之以鼻，或是直接忽略，是因为它们需要投入极大的注意力、勇气、自信，才能得以高效的处理，需要从不同视角考察，需要我们不断质疑自己的已有看法。

还记得斯科特·布鲁索最初对在太阳能板上驾驶的将信将疑的态度吗？你不可能在太阳能板上开车，他笑道，同时在头脑中把可能产生的所有潜在问题都过了个遍。但他很快从这种反应中醒悟过来，开始考虑它是否可行。机遇就在眼前，但如果斯科特向最初的否定心态低头，不去思考太阳能板如何用来修建公路，太阳能公路的灵感将永远不会再出现在他的头脑中，因为他早已因其过于荒诞而打消了这个念头。

问题是，有时我们自认为的开明乐学，其实是稳定状态造成的假象。我们在刻意避免那些导致认知失衡的新信息。这是个值得思考的问题。

专念行事的第三种行为，用兰格的话说，是运用多个视角看问题，注意换位思考。有多少观察者，就有多少不同的角度。一旦意识到并接受这一点，我们就能够看得更全面。皮埃尔·瓦克研究的情景分析（我们在第5章已讨论过），完全符合这一点：探知不同情境，为未来多种可能性做好准备，这就是解放思想，只有这样，才能获得更多办法应对未来可能出现的问题。

我们在第6章提到的直排轮滑冠军泰格·克里斯也是很好的例子。当他得知自己跃过塞纳河的"理想"得不到政府授权之时很失望，从埃菲尔铁塔跃下的计划受到多方阻挠时也一样。但他有兴趣听从多方的意见，并没有与巴黎政府为敌；他接受他们的观点和建议，从他们的出发点考虑问题，并主动与他们斡旋协商，寻求更切实际的方法实现梦想。这个例子是专念与热情的完美结合，以开阔的眼界、明确的动机为基础，他最终克服了面前的障碍。这个故事让我们受益良多，当然我们面临的挑战通常不具有这么高的风险。

好奇

我们再说好奇心。好奇是一种驱动力，它能够促使你去探索、尝试不同方案，寻求新的理解途径。在发现并培养反传统思维、预见能力方面，好奇心具有无可比拟的力量。在我上大学的时候，法学院的学生组织了一系列有关逻辑学的主题活动。每天晚上放一部与主题相关的好莱坞影片。因为对法律比较感兴趣（其实那个年纪的我对电影更感兴趣），我参加了这一系列活动。一天晚上，他们播放的影片是《无罪的人》(*Presumed Innocent*)，这是一部法律悬疑恐怖片，由艾伦·帕库拉（Alan Pakula）导演，哈里森·福特（Harrison Ford）主演。在电影开播前，我无意中听见后排有位女生对她的朋友说：你知道是某某干的，对吗？她在电影开场前泄露了剧情，我当时立刻就对电影丧失了兴趣——事先知道结果令好奇心和兴奋感消失殆尽。

这个事情让人不由想到一个有趣的问题：是什么令我们如此好奇？我们去电影院看电影就是为了满足我们的好奇。我们愿意花90分钟跟随悬疑的情节紧张不安，恰恰是因为不知道这个影片结尾会怎样。事实上，我们去影院花钱消费，为的就是这种被未知笼罩的感觉。显然，人们的好奇心得到满足时会产生快感，所以我们一次又一次地掏钱进影院。

美国经济学家乔治·罗文斯坦（George Loewenstein）提出了一则好奇心定律，内容很简单：当我们的知识出现空缺，好奇心就会出现。[11]当你面对一件需要付出努力才能得到的事物时，你的内心就会产生一种焦灼感。肥皂剧编剧就很好地利用了这一点，剧情发展到恰到好处时，便未完待续，让观众一直看下去。因此，在我们当下所拥有的知识受到质疑时，好奇心的按钮就会被打开，我们就会获得行动的驱动力，去填补——此刻显而易见的——知识空缺。

威廉·詹姆斯（William James）在《理性的情绪》(*The Sentiment of Rationality*)一书中写道："从迷惑、悬而未决的状态跨越到理性的理解状态，这是个完全放松和充满欢乐的过程。"[12]我们享受充满不安而踌躇满志地奔向目标的感觉。但事实证明，这也需具备一定前提。首先，填补"知识空缺"须是能力范围可及的，即在我们的知识和努力所能达到的水平范围之内。大部分人在面对不可能解决的问题时都会丧失兴趣。其次，花费的时间在预期的范围内，如果解决要花费比我们预期多得多的时间，我们同样不愿等。但如果这两条前提都具备，我们就拥有了去探索的根本动力。

有力度的问题

如果我们的知识空缺出现在一个有意义的问题上，那么此时好奇心的出现将带给我们高质量的思考和想象力。好问题能够驱动我们探索未知的领域、寻找创新型解决方案、打破传统观念束缚。

正如在太阳能公路的故事中，恰到好处的提问能对我们思考和"观察"事物产生重大影响。

试想，如果我们将"公路可以产生能源吗？"这个问题换成"公路怎样才能产生能源？"，你对这个问题会更感兴趣，研究也会更投入。仅仅在说法上进行了简单调整，但效果却大不相同：把一个听上去几乎不可能的问题变得令人饶有兴致。

实际上，在本书开篇，我就讲了一个自己曾思考多年的问题：

> 我们为什么在理论上认为预见力对领导水平至关重要，却很少在现实中碰到积极、谨慎、有系统预见力的领导？

这种问题不由得引发你思考，激起你的好奇心，并在你头脑中盘旋很长一段时间。有时候你甚至有种奇怪的冲动，想就此问题写本书。

谈判专家埃里克·沃格特（Eric Vogt）、朱厄妮塔·布朗（Juanita Brown）和戴维·艾萨克斯（David Isaacs）研究得出：设置精妙的问题能引发好奇心、激发创造力并发人深省。[13] 此外，这些问题能给人们带来力量，比如有些问题能提醒我们应当去探索一些自己尚未掌握的领域。有力度的问题具有良好的"穿透力"，它们很容易引发其他人的关注。这些问题能吸引一个庞大的群体，赋予他们动力，令其追随你一起探索下去。

因此,如果我们能够提高自己的"质疑能力",将大有裨益。沃格特、布朗和艾萨克斯创立了一个三维体系(如图7-1),能够帮你评估甚至重新设计问题,令你的提问更具力度。

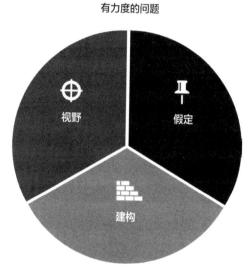

图7-1 有效提问的维度

维度1:建构

建构一个问题是第一步。你需要用正确的措辞表述问题。(记住之前的那个案例:公路怎样才能产生能源?)就疑问词而言,"怎样""是什么""为什么"要比"谁""什么时候""在哪里""哪个"实用得多。而这些问句又比那些设计成需用"是"或"不是"来回答的封闭式问题要好。

例如,试想下面的问题:"我们的团队能变得更有创意吗?"如果你问你的团队这样一个问题,那么答案只可能是封闭式的一个字——"能"。你可能因大家步调一致而感到高兴。"那么大家开工吧!"然后,你可能会以这样的收尾结束会议,认为你的团队已接受了最新式的思维方法。令人失望的是，3个月后，你和你的团队仍在按原计划前行，没有任何改变。因此，你可能会得出不恰当的错误结论，认为你的团队没有齐心协力为目标努力，或质疑他们是否具备跳出常规思维的能力。你甚至会怀疑团队中有成员不愿在你的领导下工作。

相反，如果你问："我们的团队该怎样创新？"你将得到更丰富的答案，你也将更了解需要改进之处。但即便这样，你仍可以提出更有力度的问题："我们的团队为何不能将创新水平发展到更为理想的水平？"或"我们需要做何改变，才能确保我们的团队更具创新能力？"这样提问效果大不一样，更针对当前问题的根源，也更有感召力，更值得探讨。但如果你不建构问题，别人也不会提出这些问题，那么对领导能力的质疑就会在群体中蔓延滋长。

维度2：视野

一旦提出有效的问题，你就为进入第二个维度做好了准备：拓展问题的广度。我们的自我质疑通常会在无意中受到自身的限制。上一个例子中的问题就局限于我们的团队之内。这些无意的限制很容易悄无声息地产生影响。把问题内容限制在"团队"之内看上去合情合理——你甚至都没注意到我们的疑问词已从"能否"变成了"为何"。这需要拓展创造以及想象的空间。"我们需要做何改变，才能确保在客户关系及企业领域方面更具创新性？"在思维的广度上，这些问题差别很大，后者更具探索空间。

维度3：假定

第三个维度通常最难，任务是检测这个问题本身的假定是否正确。例如：我们怎样做才能更快地把产品销售给顾客？这样的问题假定了顾客对产品有迫切的需求。或许实际上，他们更关心产品在价格上的优惠或更希望减少产品递送过程中的错误。甚至他们根本不需要递送产品——我们的顾客更希望我们把产品运送到他们附近一个妥当的地方，可以让他们在方便的时候随时取货。

甚至之前的问题——我们的团队如何更具创新能力？——也包含了一层假定：创新能力很重要。问题不自觉地将我们的研讨对象限定在那些不构成严峻挑战的领域。也许团队成员无法应对真正挑战，因此，类似创新能力、顾客满意度这些问题成了我们的关注点。当我们把视域限制在创新这一内容上，很可能会忽视真正阻碍我们发展的因素。

谈话惊喜

有一位曾与我共事过的领导者，他风格独特，善于发问，可以说是将诘问领导法运用得最好的典范：他将有效的问题集中起来，根据它们适用的场合进行分类整理。例如，当现实中出现差错时（这是难免的），他会与当事人进行一场谈话，提两个很有意义的问题：1. 你从所发生的事情中学到了什么？2. 现在的你跟之前相比，有了什么新办法？这样，他努力构建出了一种学习文化，对团队中扮演关键角色的人予以鼓励。众人皆知他从不惩罚犯错误的人。实际上，如果犯的是可能导致企业涉足风险的错误，还会受到他的奖励，但他最希望看到的是反省和学习，看到团队成员变得更具洞察力。他真正不能接受的是不从所犯错误中认真吸取教训的人。

有些公司将提出有意义的问题列入奖励体制，因为他们知道企业发展需要这样的问题。法国零售业巨头家乐福就有"谈话惊喜"（这个词是先由法语翻译成英语，再由英语翻译而来的，法语当中习惯把重音放在后面一个词上），主要针对入职6周以内的新员工。谈话的焦点只关乎一个问题："加入我们之后你最大的惊喜是什

// 预见力 ANTICIPATE //

么？"知道大部分人接受公司文化都比较快，家乐福发现，新来的员工在最初的几周之内敢于向老职员工作的方式提出挑战，因此在短期内，企业就能得到很多改进工作的新点子。

美国汽车租赁巨头赫兹公司的领导团队每个季度至少开展两次正式的"跳级审核"（skip level）。他们不让部门经理和人力资源代表出席，只与一线员工面谈。谈话会包含一些颇有意义的问题，如"如果有一天你当了首席执行官，你会怎样做？"或者"如果你有一根魔杖，你想怎样改变赫兹？"这些体制化询问程序保障了赫兹集团的领导者们与职工、与实际保持紧密联系，使他们能够提出——也能支持——一些影响深远的改变。

自从弗兰克·斯托维尔（Frank Stowell）和多恩·韦斯特（Daune West）于1991年创建了欣赏式探寻法（the Appreciatiue Inquiry Method），富有成效的提问开始变得更具学术气息。他们的方法打破了传统。因为企业寻求进步，把大部分关注点都放在了当下存在的问题上。然而，对出现的问题过度关注极容易导致企业内部气氛沉闷、员工情绪低落等负面效果，甚至整体效率都会受到影响。欣赏式探寻（AI）恰相反，它把关注点落在了企业运行良好的方面。研究结果显示，关注具有正面能量的因素能激励人们理解并珍惜他们企业文化中的优秀之处。欣赏式探寻通过明确有益于企业发展的因素，重点关注那些轻而易举即可完成的事情，以此推动企业的不断改进。

发展一系列特定的欣赏式探寻问题更有利于提升你的领导魅力。赞赏、认可他人的实力，多关注正面信息，都能使员工获得激励，从而更好地参与到企业活动中来。这一点不仅适用于商业领域，而且对合伙人以及父母等同样有效。今晚就可以试试：不要再问你所爱的人今天过得如何，或工作进展怎样，而是充满欣赏地去问："今天发生的最令你开心的事是什么？"注意观察以这种提问开始的对话与平日里的交谈有何不同。[14]

哲学家拉尔夫·瓦尔多·艾默生在会见朋友和访客时有句经典的提问："我们上次见面之后，是什么令你豁然开朗？"当你踏进房间脱下外套时突然听见这样一个问题，或许有些讶异，但这是个好问题，能马上激起你对话题的兴趣和好奇。

进入实践

你大概会想：我该如何将这些信息整合并融入到领导行为当中？我们已经说过，在发展自己的预见能力时，专念有着无可比拟的重要性，艾伦·兰格从多个维度提出了一套稳定的理论框架，但实践起来仍存在问题。我们如何才能做到？

我的好朋友，著名演员布鲁斯·范·巴托尔德（Bruce van Barthold）曾用"活在角色中"解释演员如何进入角色。他的表演教师曾说，单纯改变表演方式无法使你进入新角色，但你可以用新的思维方式让自己融入角色。这句话他对我重复过两遍。在我理解了之后，对我产生了很大影响。形成专念思维模式很简单：有一些行为和实践可以帮你。你不能单纯告诉自己从现在起重新对周围事物划分范畴，或用开明态度接纳新信息，也不仅仅是放弃单一视角看问题。这些都没用，兰格的专念三元素也仅停留在理论层面。但如果你将所有行为方法坚持下来，通过重复和不懈努力，最终一定能形成这种思维模式。

这里有8个原始的、便于整合的改变行为的训练（见图7-2），你可以在日常领导行为中加以运用，"用新的思维方式让自己融入角色"。

图7-2 练习

为实践重新划定范畴

1."是的,但是……"。这个经典句式能够帮你从现有观念体系中解放出来。在接下来的几天时间里,每当你说到"是的,但是……"时,请有意识地加以注意(这是人之常情,提到这个句式的可能性很大)。

10次有9次你会碰到与自己当前想法不同的意见,阻碍你的创新思维或在过程中选择不同视角的可能性。

为克服这种倾向性,请马上再次说出这句话"是的,但是……",这样你可以保持思维开阔,而不是闭目塞听。坚持练习这个句式,直到把它变成一种条件反射。不到两周时间,你就能形成这种习惯,不要小看这个句式,它能发挥很大的作用。

2. **打破现有模式**。能够使你从多个角度看问题的练习看上去很简单，这种练习旨在帮你有意识地克服工作、交流、思考、反应的传统模式。比如，通常你是第一个自告奋勇的人，那么试试稍等片刻。或者如果你总是那个犹豫不决的人，那么这次试试提前站出来。如果你一直很准时，那么试试迟到一次（勇敢面对它）。如果你希望事情总向自己预期的方向发展，那么这个星期试试让事情换个方向发展。如果你总是选择同样的上班路线，那么选一条不同的试试。走进餐厅，选一个从没坐过的位置坐下。升高或调低座椅。梳头时把头发分到另外一边。

事实上，你现在就可以开始。你戴手表吗？如果你戴在了左腕，把它摘下来戴到右腕上，反之亦然。你会很快发现自己始终在不停地观察带错手表的那只手腕，这个动作在不断提醒你，不经意间，你就陷入思维惰性之中了。你将立刻开启内在的警觉模式，提醒自己换一个角度看待事物。

新信息练习

3. **有力度的问题**。在本章前一部分我们曾讨论过，要巧妙地设计问题，才能引起回答者的好奇心，引发他们思考，挑战潜在假设，唤起创造力。此外，它们能带给我们能量，让我们注意到有些领域我们还没有完全掌握。因此，训练自己发现那些在设计上存在不足的问题，这些问题也许是由我们自己，也可能是由他人提出的，然后重新设计这些问题。记住三个维度：为什么提问，问什么，怎样问；问题的范围；既定的假设。

4. **欣赏式探询**。构建一些欣赏性的问题，用来发现周围进展良好的事，并思考为什么。分析问题时用到它们，一定忍住不要一开始就问"出了什么事"。

5. **激进的表露**。白手起家、收入百万的作家吉姆·罗恩（Jim Rohn）曾说："要想知道自己是怎样的一个人,看看你最亲密的5个朋友,他们综合来看就是'你'。"(近朱者赤,近墨者黑。)

尽管这个论断无法从学术上得以证实,但我们的确能受到直接接触的群体的强烈影响——可能更好也可能更坏。既然我们倾向于选择与同类人交往,我们就很容易局限自己的视角,对另外一些信息视而不见。激进的表露训练可以让我们有意识地以一种稳定的频率(比如,一月一次),与一些平日里不甚熟悉的人共同活动。参加与你所从事的职业全然不相干的会谈,加入艺术俱乐部,去买你书架上绝少出现的杂志,等等,都属于这类行为。

6. 发现盲区。团队动力通常看上去可以把一个人的许多方面都展现出来,实则不然。展现出的只有团队最喜欢的;选择一旦做出,团队就不倾向去考虑其他选择。不管你何时加入一个旨在澄清或做出决策的会谈,请在合适的时刻提出这些问题:

- 还存在哪些选择?
- 哪些问题是我们没有注意到或没有谈论到的?

当你问及其他选择,你就跳出了目前关注的事物的界限。反省做决定时没有考虑到的方面,可以引起我们进行如下思考:所做的判断是否最大程度利用了信息资源。我们在做决定时,是否掌握了足够的信息?我们是不是正由于视野的狭隘而陷入了高风险运作?《哈佛商业评论》曾刊登过一篇名为《在你做重大决定之前……》(Before You Make That Big Decision)[15]的文章。文章中,诺贝尔经济学奖得主丹尼尔·卡尼曼和丹·洛瓦罗(Dan Lovallo)、奥利维尔·西博尼(Olivier Sibony)拟定出一张问卷,可以用来反省那些可能蒙蔽你看清局面的偏见。例如,"如果你在一年后须面临再一次做这个决定,你希望获得哪些信息?"这个问题能够帮你克服可获得性偏差。总结此类问题,并积极运用于实践中,可以减少决策时的盲区。

多角度思考训练

7. 学会倾听。我们都懂得倾听的重要性，但现实中却很少有人能做好。心不在焉地听一件事时，大部分人——有意或无意地——总是伺机打断对方，抓住先机分享自己的故事、观点和经验。这不是倾听，这种倾向阻挠了我们站在不同角度理解问题。

想要训练自己认真、投入地倾听别人的话，可以通过每周开展3次以单纯的倾听为主的谈话来实现。不需要太长时间，15~20分钟足矣；可以选择在喝咖啡的时候；可以在正式场合，也可以在非正式场合；与你交谈的人不需要知道你正在自我训练，但你在参与过程中要有训练的意识。

该训练运作方法如下：有意识地进入倾听模式。这意味着在谈话过程中不以个人观点掌握话语主动权，不管多冲动都要忍住。不停提问，对同伴提到的任何问题都要探讨，不管这个问题听上去多么奇怪，也不管讲话人的观点是否与你相左。学会倾听别人的洞察力、直觉和观点。这里有几个简单而又具有开放性的问题，不妨试试：

- 在我们的最后一次谈话之后，我们的世界、行业发生了哪些变化？
- 在处理客户、竞争对手和供货商的事情中，哪些方法带给你惊喜？
- 你能发现哪些信号是将要发生改变的征兆？
- 在过去的5年里，你的人生和观念发生了哪些改变？

谈话结束后，花几分钟想想你学到的东西。不要排斥那些与你意见不同的观点。试想这些观点中也有正确的成分，需要深入研究。必要的时候，要敢于挑战自己之前的假定，打破旧有观念。

8. 交换意见。选择一位在工作方式上与你截然不同的人——注意不是你不喜欢的人，只是与你风格不同。你们二人在性格、品位、思想乃至行为上均有差异。试着想一个你一贯持否定态度的话题，不用复杂，比如一个产品、一则市场讯息，一档你不爱看、觉得无聊，但其他人喜欢看的电视节目。想象着自己接受了这个人的观点，就像从头到脚试穿了一套新行头。从这个人的角度看问题，你就会明白他为什么会钟爱你不喜欢的东西，反之亦然。心里觉得舒服后，你也做同样的事——要立刻做。认真同这个人交谈，让你的固有观点渐渐消融，接纳另一种观点。当然，这只是一场实验——也不会损失什么。你甚至不需要为当前的行为进行任何解释。当跟别人做这个实验时，他们可能觉得在观点上赢了你，但你在关于自己的看法上进步更大。

你也可以重新尝试我们在第4章和第5章提到的训练，启动未来和情景分析也可以强化这些行为。启动未来能让你探索新的信息，可能会改变你当前的视角；情景分析可以明确地帮你换位思考。

这些练习中的某些行为的执行过程并不一定让人感觉舒服，这是可以理解的。因为此刻你可能还没准备好把它们都试一遍，而且我也并不建议你立刻就尝试所有。成为专注、有远见的领导不是一蹴而就的。这些训练可能要花数周乃至数月的时间。总而言之，它们在提高自我预见力方面非常重要。在实践中演练，你能获得更多成长的机会。

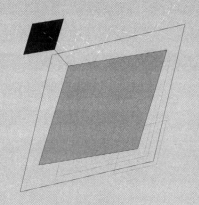

第四部分
愿景沟通

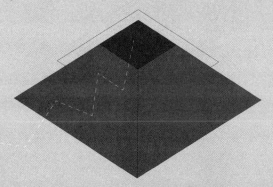

激励跟随者

| 第 8 章 |

激励跟随者

思想通过语言产生。

——L. S. 维果斯基（L. S. Vygotsky）

至此，关于提高预见力，我们已从多个领域进行了探讨：充足的先决条件、释放想象力的方法、开发维度和训练以及性格、行为等。然而还有一个关键维度，对提高预见能力极其重要。你可以出色地完成上述所有行为——拥有伟大的理念、进行强有力的后天训练、明白自己的核心志向和人生价值并辅之以得当的成长训练——但如果无法生动、有力地表述你的愿景，你的愿景就无法付诸实践。

愿景沟通有许多特质，如果顺利，能够赋予你的故事以吸引力，使那些虽以未来为导向但却机械、无趣的内容变得鼓舞人心。我们先从愿景沟通的最低要求开始思考，即所谓的保健因素[①]，进而，再就有效愿景交流的诸多细致的方面进行探寻。

保健因素

保健因素由弗雷德里克·赫兹伯格（Frederick Herzberg）于1959年提出，在管理学中，有些因素单独出现并不能产生令人满意的积极效果，然而一旦缺省，便会导致情绪上的不满。打个比方，对一家餐馆来说，洁净的餐具就是它的保健因素。所有顾客都希望使用干净卫生的餐具，但没人会仅仅因为卫生情况良好而再次光临；然而，如果餐具不卫生，顾客就不会再来了。与之类似，在愿景沟通中，保健因素是重要的必备因素：如若处理不当，你的故事将丧失一定影响力，然而处理得当也只是日后开展工作的基础。

愿景沟通有3个首要的保健因素：

1. 简短、新颖。 你必须在几分钟内传达出愿景的核心内容（不使用PPT！）。这并不是让你像推销员一样推销愿景（或像电梯游说那样在30秒到2分钟内将产品、服务、机构及其价值主张说清楚），肤浅的宣传标语和毫无实质内容的召集口号同样没有任何意义。你要在短短两三分钟内产生巨大影响力。但你需要仔细斟酌用哪些措辞能达到交流目的，做到"用最简短的话，产生最大化的影响"，将你的真正目标和观点的要义清晰地传达出来。这也意味着你需要准备并预先彩排自己的故事——作为领导者，是迅速传达还是交给运气，感知很重要。

[①] 保健因素（hygiene factors）：在企业管理中，管理质量、薪金水平、公司政策、工作环境、与他人的关系和工作稳定性被概括为保健因素。双理论因素是由美国心理学家赫兹伯格发展起来的。他提出：存在着两种不同类型的激励因素。一类是能促使人们产生工作满意感的因素，称为激励因素；另一类是促使人们不产生不满的因素，称为保健因素。后者与工作环境或条件相关，如若处理不当，或这类需求得不到基本满足，会导致员工的不满甚至严重挫伤其积极性；反之，满足这些需求则只能防止员工产生不满情绪。——译者注

当然，你可以有更广阔的视野，只要你有充足的时间来描述隐藏的细节。我仍然鼓励你以脱稿的方式呈现，因为分享愿景的时刻会带给你强烈的领袖感，只有通过你来表达，而不是投影仪的展示，才能使你心中最本质的自我得以闪现出人格的光辉。

当然，有些设计精良的幻灯片可以帮你进行深入探讨，但对大多数领导而言，这些拓展的视野都属于较熟悉的领域。真正的问题是如何忍住诱惑，不去展现你故事中的全部逻辑及要点，而是将信息浓缩，保持领导者的庄严和权威形象。

这实际上是对把信息压缩成最简短的文字的必要性的一个神经学解释。还记得第2章中我们提到过的默认和控制网络（在神经网络那一节）吗？控制网络凌驾于我们的习惯和冲动之上，令我们的行为贴合目标，受疲劳情绪影响较大。"当我们过于激动时，控制网络极易失控，我们的行为会受应激因素及情境线索驱动，忘记此前需要考虑的问题。"[1]维兹和梅森曾这样说过。既然你的愿景将降低你的跟随者面临决定的复杂性，你就需要帮他们（同时也为自己）树立一个清晰的形象，建立一套控制系统，保持关注焦点。

2. 积极且充满希望（更确切地说是专念）。福特公司首席执行官艾伦·穆拉利，曾面临着历史上最为巨大的企业变革，他指出："积极的领导，传达的是一种向前看的思想，这很重要，因为这是你此刻存在的理由，即找出一条让集团发展下去的道路。"[2]一个有力的预见力是不给消极、愤世嫉俗这些负面情绪留有余地的；可以去想想第3章中我们提到的被愤世情绪消磨殆尽的历史典型。

然而，只要提到乐观主义，局限性就会存在。不切实际同样对你的事业不利。微笑的领导者习惯上对正常出现的问题一笑带过，这样做未免过于乐观，空想的态度是没有实际作用的。因此我们需要用到"专念"这个词（这个概念我们曾在第7章提到），而不仅仅是乐观。吉姆·柯林斯（Jim Collins）在他的领导学著作《从优秀到卓越》（*Good to Great*）一书中称之为斯托克代尔悖论（Stockdale Paradox）。吉姆·斯托克代尔是美国的一位海军上将,在参战期间被关押在一个难民营,饱受煎熬,但他始终有个信念。"我不仅相信自己一定能出来,而且相信能够借此经历彻底改变我的人生,这样在回忆时,我才不会后悔。"[3]他这样回答柯林斯的采访。

设想当时他所处的境遇,这个思维模式可说是具有英雄般的气概。这段可怕的经历在斯托克代尔的回忆中体现出了真正价值:最乐观的囚犯往往都没有活着出来。"乐观主义者总想着,'圣诞节就可以被放出去了吧。'等圣诞节过去后,他们就想着复活节被放出去。复活节过去了,就想着感恩节,而后又是圣诞节。于是他们郁郁而终。"[4]

奥地利著名心理学家维克托·弗兰克尔(Viktor Frankl)曾强调过,不管在什么局面下,都要相信自己有选择权,甚至在面对最恐怖的事情之时。这一点很重要。弗兰克尔在1942~1945年间曾四度被关进集中营,包括臭名昭著的奥斯维辛集中营。他幸存了下来,并将他在死亡集中营里的这段经历和他从中悟出的精神哲理写成了《追寻生命的意义》(Man's Search for Meaning)这部作品。这本书带给人们恒久的鼓舞,为人们指明了人生真正要义的方向。[5]

弗兰克尔和斯托克代尔都强调了面对现实的重要性。弗兰克尔写道,承受苦难是无法避免的,逃避是徒劳的。但是知道应当怎么做之后,多与他人沟通交流、多为他人提供帮助,能够带给自己强大的精神力量,以应对这段艰难时期。这是一种"专念"的视角——在第7章曾提到的艾伦·兰格解决思维惰性问题的方法——让弗兰克尔尽管面对严酷的考验,但却依然能在心理上得到源源不断的精神慰藉。在极端恐怖的情况下,满怀期望的人往往难以忍受一再的挫败,他们不切实际的世界观终究会导致精神的崩溃。

耽于幻想、不切实际的乐观让人无法看清现实。斯托克代尔接受了他的现实,选择在他能力之内为自己也为他人营造希望。"不管面对什么局面,永远不要把贯穿一生的信念与应对眼前残酷现实的原则混为一谈。"[6]斯托克代尔指出。

与实证主义不同，对形成见解最重要的影响因素是你对现实情况的掌握和你所能做出的选择的范围，同时，充满希望的感觉、野心和信心也很重要。如穆拉利所强调的，领导者的任务就是向周围人播撒希望，驱动他们前行，超越暂时困难的现实。正是因为这样他解决了福特面临的问题，身陷囹圄的弗兰克尔和斯托克代尔也同样如此。

3. 面向未来。这听上去像句大白话——但我真的见过许多领导人没有足够重视这一点——因而在此强调。当有机会表达自己的愿景时，他们总是带听众一起回忆过去，错失了展现领导才能、启发他人的良机。

在谈话中旧事重提这种倾向很好理解，因为这样做可以规避一定风险。过去提供了很多事实和经验，能帮你完成一个有效的、毋庸置疑且逻辑连贯的故事。这可以是一个很好的基础。但是当你将故事延伸到未来，这时再解释"我们从哪里来"，就会给讲话奠定一种缺乏想象力、兴味索然的基调。

与之相反，你需要开门见山地谈谈未来。描述你面临的局面。这是一个更有风险的领域——你必须融入自己的想象力与创造力来描绘一幅明天的画面，而非用事实呈现逻辑性和确定性。但出于改变他人的思考方向、为他人指明思路的目的而构建出的愿景尤为重要。

葛底斯堡演说

亚伯拉罕·林肯的葛底斯堡演说精彩地诠释了三大保健因素（还有其他因素，我们稍后探讨）。俯视4个月前南北军展开激烈较量的战场，面对5.1万名士兵阵亡的惨痛代价，1863年11月19日，一个周四下午，林肯发表了这场演说。

短短几分钟之内，林肯仅用词272个就表达了当时这个国家的目标，至今仍是民主精神的范本。普利策奖获得者加里·威尔斯（Garry Wills）在他的获奖著作《林肯在葛底斯堡：再造美国的字句》(*Lincoln at Gettysburg: The Words That Remade America*)中总结道："语言的力量从未得到如此强烈的呈现。"[7]

哈佛大学校长爱德华·埃弗里特（Edward Everett）也在葛底斯堡国家公墓发表了长篇演说。林肯总统随后发表了《葛底斯堡演说》。第二天，埃弗里特致信林肯总统写道："如果我的两小时演说能和您两分钟讲话的主旨接近的话，我就会感到非常高兴了。"[8]

《葛底斯堡演说》之所以如此有力度，是与林肯总统本人分不开的。他将发生于宾夕法尼亚这片土地上的战争带给人们的巨大痛苦转化成了充满希望的对美国未来的展望：

> 毋宁说，倒是我们这些还活着的人，应该在这里把自己奉献于勇士们已经如此崇高地向前推进但尚未完成的事业。倒是我们应该在这里把自己奉献于仍然留在我们面前的伟大任务——我们要从这些光荣的死者身上汲取更多的献身精神，来完成他们已经完全为之献身的事业；我们要在这里下定最大的决心，不让这些死者白白牺牲；我们要使国家在上帝的福佑下得到自由的新生……

《葛底斯堡演说》已被镌刻在位于华盛顿的林肯纪念堂墙壁上，为接下来几代人的前行铺筑了道路。一个世纪后，马丁·路德·金站在同样的地方，引用了林肯这篇著名演讲，提到："一位伟大的美国人——今天我们就站在他的灵魂安息处集会。"即使在今天，林肯充满节奏感的演说，仍一直鼓舞着人们前行。

这篇演讲的内涵远不止于此，我们会进一步探讨领会，但现在要说的是，这种将简短、积极、着眼未来完美结合的风格能产生巨大影响。我们虽未拥有像林肯一样高超的修辞技巧，但这依然是难能可贵的一课。在愿景交流中，往往是越简单越好。

语言的力量

由此可见,语言的确有着不容小觑的作用,尤其是在说服他人追随你、认同你的观念时。读一读下面的这段话,体验一下你在情感上会有何变化:[9]

"大约90年前,祖先们在我们的国家发起了一场改革,在平等的基础上开创了一种不受约束的观念模式。"

你能受到启发吗?能感到鼓舞吗?应该不会,对吧?然而,为什么没有?为什么这段文字缺乏情感力量?这肯定不会是演说中的原句,因为那句话曾历经岁月激励了无数人。

但如果换种表达,便会起到激发鼓舞的效果。演说中的原句是这样的:

"87年前,我们的先辈们在这块大陆上创建了一个新的国家,它在争取自由中诞生,信奉人人生来平等。"

你是否感受到语言的力量?这就是林肯的葛底斯堡演讲开篇的几句。从内容上说,两段文字非常类似。但前面一段相当枯燥,丝毫没有激励作用,而另一段则斗志昂扬,文字像诗一样气势磅礴。这便是语言的力量,它能够触动我们,重塑我们的思想。

语言同样可以改变我们的记忆。1974年,华盛顿大学研究员伊丽莎白·洛夫特斯(Elizabeth Loftus)和约翰·帕尔默(John Palmer)进行了一项实验,为的是更好地理解语言对我们记忆的影响效果。[10]他们想看看诱导性提问能否扭曲亲眼目睹的事实并重构我们的记忆。为证明他们的假说,洛夫特斯和帕尔默邀请45名学生观看了一个车祸短片。然后他们设计了5个略有差异的问题,询问每一个观看者影片中的车速。其中五分之一的受试者收到这样的问题:"车身撞碎时车速是多少?"

另外一组也由9名学生组成,他们被问及的问题稍有不同:"车辆相撞时,车速有多少？"剩下的几个问题主要区别在动词上，分别是"碰上"、"受击"和"接触"。结果很有趣，受试者对平均速度的估量很大程度上受到了表达严重性的这个动词的干扰。那些听到"撞碎"这个词的人估计出的时速高达40.5英里，而听到"接触"这个词的人群估计出的时速仅为31.8英里，差异高达25%。（见图8-1）

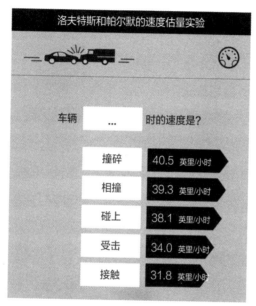

图8-1 洛夫特斯和帕尔默的速度估量实验

这个发现很有意义，但研究并没有到此为止。一周后，受试者被召集回来，回答一个新问题。这一次，研究人员问："上周的短片出现过玻璃碎片吗？"结果，一周前被提问的问题中带"撞碎"的人，多半都说看见过，比起其他几类问题的受试者，这个比例要高得多。（你可能好奇短片中到底有没有碎玻璃，答案是没有。）

想一想：45人看的是同样一部视频短片，唯一的区别就是事后对他们的提问。动词只是个细微的语言差别。然而，这不仅立刻影响到他们对片中时速的估计，同时也影响到了他们的记忆。面对问题中影射着更多损失（"撞碎"）的人，跟那些问题中暗示撞击程度轻微的人相比，对短片的回忆大不相同。洛夫特斯和帕尔默通过这一实验，证实了语言对我们的感知、判断乃至记忆均有深刻影响。

YouTube视频网站上有段热播视频。一位盲人乞丐坐在路边，手里拿着一个牌子，上面写着："我是盲人。请帮助我。"看上去这只是乞丐一生中再普通不过的一幕，他时不时可以收到路人施舍的一些零钱。这时一位女士走过来，看了他手中的牌子，并拿过来，改了改上面的文字。她离开后，这位乞丐收到的钱突然多了起来。当他再次听见那位女士的脚步走近时，便问她在牌子上做了什么。她回答道："我写下了同样的意思，只是用词与你不同。"她走后，镜头呈现出牌子上的新字句："今天天气真好，可惜我看不到。"[11]

这段视频是预先排演好的，但它说明了一个道理。有些文字具有打动人的力量，有些则不能。这则信息不仅仅引起了人们的共鸣，它还借助语言体现了其影响力和感染力。这就是语言文字背后的力量：我们选择的措辞影响着我们的情绪状态和记忆，可能会导致截然不同的结果。如果你想让自己的预见力影响他人、鼓舞他人，语言就得生动、富于启迪。

驮马动词

在写作课上，我们最初学到的一个知识就是，当文章缺乏激情时，需要仔细斟酌动词的使用。动词承载着句子，这是一项沉重的事业，它为你的文字注入活力，这里我们将它称为"驮马动词"（workhorse verbs）或"发电站动词"（powerhouse verbs）。

斟酌话语中动词的使用，能给听众造成完全不同的影响。你的语言变得更为多彩，你的听众也会对你的内容更感兴趣。请比较下面的句子："他快速坐在了他的椅子上"和"他急不可耐地坐在了椅子上"。效果完全不同，对吗？后者大概能在你脑海中产生全然不同的画面，更加生动，更有活力。信息的内容是相同的，但力度、画面感、给人的想象力都不一样。

说得更专业一些。比较这两句话："我们讨论了研发新产品的机会"和"我们研究了如何推广订单"。又是很不一样的效果，对吗？还有这两句："他分析了未来的机会"和"他为愿景欢欣鼓舞"。或者，"她讨论了二者的不同之处，得出一个结论"和"她在讨论中获胜，并让大家达成了一致观点"。

驮马动词推进了你的故事，产生了强大的形象感，传达了自信的语调。著名小说家鲁德亚德·吉卜林（Rudyard Kipling）曾说过："言辞是人类最有效的药物。"有时人们会批评驮马动词太圆滑，会令语言充满推销员式的风格。需要注意的是，这种语言不适合那些依靠数据和现实的从业者，像工程师、会计、科学家等（恕不一一列举）——尤其对那些整日面对枯燥表格、要点和逻辑结构的生意人，更是如此。他们通常倾向于把事实和数据作为论辩的主要武器。

因此，驮马动词应当谨慎使用，尤其避免过度使用，否则，将适得其反，你的语言会令人感觉缺乏权威。所以，我主张少用驮马动词，要用得精，才能感受到它们的影响。但不要忘记，分享你的观点就等于将你对未来的构想销售出去，作为领导者，借助语言创造激情是你职能的一部分。动机是释放人们的想象力，使他们联想甚至"憧憬"你绘制的明天。

下面是一些可以令你的演讲更出彩的建议：将那些吸引你却不经常在你的日常谈话中出现的动词列一个表。每天选一个，有意识地使用3次以上。这样你会发现，用不了多久，这些词汇就变成了你常规使用的语言。

图8-2列出了一些能够产生能量的动词（以及日常表达中出现的同义词）。

图8-2 驮马动词

项目名称，然后再提出自己真正的所想。无疑，他们会认同最后提出的这个提议，而这个项目很可能并不是他们"客观上"期望的。这就是实践中的对比原则。

当我们试图解释自己的观点时，如何运用这一原则？将你理想中的发展方向与不希望的发展方向做一次对比——很可能维持现状不变——不知不觉中就会令你的故事增色不少。这能让别人更容易赞同你对未来的愿景。还记得史蒂夫·乔布斯怎样成功地说服约翰·斯卡利的吗（见第2章）？他问斯卡利："约翰，你是想卖一辈子糖水，还是想跟我一起改变世界？"这又是对比原则在实践中的一处经典运用。

负面对比还有一个优势，我们再回顾丹尼尔·卡尼曼和阿莫斯·特沃斯基（Amos Tversky）关于架构的原始著作。[13]受试者被分成两组，参与下面的实验。假设一种可能会导致600人丧生的某大洲疾病正在迅速蔓延，为此美国正在准备防御方案。有人提出了两种方案来对付该疾病。针对这些方案的后果进行的准确、科学估计如下。

其中一个小组必须在如下两个方案中做出选择：

- 如果采纳A方案，则有可能会拯救200人。
- 如果采纳B方案，则600人全部获救的可能性为三分之一，亦即有三分之二的可能性为这600人一个也救不了。

你会选哪一个方案？再读一遍，面对仅有的两套方案，认真负责地做个选择。卡尼曼和特沃斯基发现，有72%的受试者都选了方案A，确保200人的生命得到拯救。

另外一个小组也面临着同样的挑战，只是措辞略有不同：

- 如果采纳C方案，400人会丧命。
- 如果采纳D方案，则有三分之一的可能性是没有人会死去，但有三分之二的可能性是600人全部死去。

换言之，两组选项内容是一样的。对于第一个小组而言，选择是以正面意义呈现的，使用了"拯救"这个动词。而对于第二个小组而言，选择以负面形式呈现，使用了"丧命"一词。但实际上,他们面临的选项是完全相同的。

值得注意的是,第二小组中的更多人倾向于选D方案而不是C方案(78%的人选D)。事实证明,如果选项以积极的形式呈现,人们更倾向于选择规避风险(如第一小组测试结果呈现出的那样);但如果选项以消极方式呈现,人们则更倾向冒险(如第二小组呈现出的测试结果)。从心理学上讲,损失的概念比收获的概念更容易引起注意。

我们在前文已经介绍过罗伯特·B.西奥迪尼,他对这些心理学概念如何影响、说服他人有深入的研究,并且解释了这些概念能够改变他人想法的有效性。他说:"让人向未知领域转变并不容易——他们首先要做的就是停止行动。他们害怕失去。因此,当人们不愿行动时,不妨告诉他们将失去什么。"[14]

从心理学上讲,暗示损失能产生强大力量,驱动人们改变现状、克服偏见、防止他们在评估选项时出现偏差。设定一个负面框架,呈现失败的后果,能够促使人行动起来,将人从规避风险的本能心态中解放出来,正确看待事物。同时,你所研究的对比原则能将你的未来勾画得更加引人入胜、更具说服力。

一幅图画胜过千言万语

既然我们已了解了语言、措辞和架构的重要性,也知道了甄选动词能带来的效果,下面我们一起来看有效沟通的最后一个要点。这是情感迸发出的神秘火光,点燃你的跟随者,令他们衷心追随你。

首先我们来看历史上最著名的演讲:马丁·路德·金的《我有一个梦想》。在林肯纪念堂的台阶上,他深深地感动了数以百万的人,让他们联合起来,为了创造一个更加公正、文明的社会而努力。几十年后,马丁·路德·金的话仍激励着人们前进。那么到底是什么使得他的演讲具有如此魅力？

除了这篇演讲所要传达的信息的诱惑力——为了一个更公正的世界——他还使用了特定语言来赋予演讲魅力。马丁·路德·金大量使用具有画面感的语句。他提到了"正义的银行""短缺的资金""机会的宝库""兑现支票""让渐进主义偃旗息鼓""隔离制度黑暗而荒芜的幽谷""种族公平的光芒""种族不公的流沙"，以及"坚如磐石的手足情"等——这只是他带给听众们生动的形象和隐喻的其中一部分。事实上，连他演讲的题目也是个隐喻，并非指真正的梦，而是期望中更加诚恳、更加公平的未来。

由于多年担任浸礼会牧师，马丁·路德·金具有雄辩的机智。尽管如此，他在语言中仍大量运用隐喻，充分调动了观众的情绪。为什么这么说？

第2章里出现过一个线索，我们讨论了弗雷德·波拉克的早期著作《未来的形象》一书。书中强调了着眼未来的重要性。他使用了"意象"这个词来指面向未来的视角（即愿景）。无须惊讶，想象力一词从词源上与"意象"确有关联。

在描述未来时，你无法使用事实和数据。你没有统计数据证明自己的论点，因而必须在较大程度上依赖想象力。为了更好地说服听众相信你所描述的未来，你必须释放他们的想象力，帮助他们勾勒一个不同的世界。几乎来自所有国家的与我共事过的人都信奉这样一句谚语，大意是"一幅图画胜过千言万语"。因此，意象和诸如隐喻、类比等具有强烈画面感的语言在搭建想象力的桥梁方面具有非常重要的作用。他们能够帮助人们"看见"未来。引用乔治·莱考夫（George Lakoff）和马克·约翰逊（Mark Johnson）的名言："如果一幅图画抵过千言万语，那么一个隐喻抵过千万幅图画。"[15]

值得纪念的隐喻

隐喻除了能够用来指示、传达信息，还有许多其他的作用。它能使你的讲话富有情感。通过在头脑中构建联想，隐喻能够立刻将传递的信息在你头脑中饱含感情地呈现出来。

马丁·路德·金的"正义的银行"就是一个经典例子。大部分人会立刻在头脑中构建出一座银行的形象：宏伟，坚固，看管严密，里面藏有价值连城的财物。一旦在我们头脑中树立起这个形象，他会进一步说，相信这座银行里的储备是充足的。我们不由得会想："事实上，储备不足的银行……应该是不存在的。"也许，有人不愿意打开银行的大门，但银行里充足的资产，一定就在"机会的宝库"中。毕竟，美国是一块充满机遇的土地。马丁·路德·金先引领听众去感受不公，进而渴望公正。因此当"兑现支票"的时刻来临时，人们只会感觉公平和及时。我们不仅在理性上，甚至在感性上，深深信服这项事业的正义性。"感觉会通知大脑，别无他法。"韦兹和梅森指出。[16]

题目中的梦想是个隐喻——马丁·路德·金通篇都在反复提及——承载了重要的情感维系。可以说，我们会下意识地将梦想与希望、革新、乐观、期盼等情感联系起来。试想如果把这篇著名演讲的题目换为《我有一个行动方案》，将会是多么滑稽和无聊！

至此，你可能在想，演讲中哪里该出现隐喻，又有哪些隐喻可以为你的语言增色。没有万能的答案。你需要研究、反复试验、勤加练习。在研究中，可以尝试萨尔特曼的隐喻引导技术（Zaltman Metaphor Elicitation Technique），[17]这项策略是以其发明者杰拉尔德·萨尔特曼（Gerald Zaltman）的名字命名的。简单地说，就是收集一些不同领域的杂志，剪下适当的图片用以勾勒你愿景中的关键点。既然所有事物都有可能成为你故事的隐喻，不妨随机地留意这些意象，这样更容易使你有所发现。这些事物画面感很强，不落陈套，内容丰富。重要的是，它与你表达的信息可以恰如其分地联系在一起，而在表达上又不那么直接。

没时间收集杂志？现在就环顾四周，看看能不能找到可以作为隐喻使用的东西。给每件东西都造个句子："我们的未来就像……一部电话"，"我们的未来就像……饮水机"，"我们的未来就像……一瓶花"，等等。

很明显，不是所有的隐喻都能表达顺畅，尤其是那些容易导致负面联想的东西更是不可取。对于传真机，你大概可以做出许多积极联想（稳定可靠、交流及时、功能多样），其实，借用传真机比喻愿景并不恰当，因为它接收到的信息都是延时的。用它打比方可能会在别人脑海中种下错误的意象，能立刻毁掉你的讲话。

正确的隐喻须是直接的、有创意的。爱德华·德博诺（见第2章"水平思考"一节）告诉我们，不要将第一眼看上去觉得不合适的措辞轻易否定掉。努力启动你的创意思维，去探索，放飞思维尽情联想。不要用演绎法分析哪个词效果最好。多次试误的过程有时很复杂且让人沮丧，但当你发现一个恰当的好词，能够让人过目不忘时，那种惊喜不言而喻。

也无须把自己限制在客观物体上。可以考虑一些范畴，比如自然（彩虹、龙卷风、草坪、橡树、花，等等），动物（狮子、海豚、猎鹰、蝴蝶，等等），旅行（旅途、冒险、航海、埃菲尔铁塔、埃及之夜、威尼斯），运动（象棋、奥林匹克、游泳、射箭、风筝冲浪），食物（意大利面、玛歌酒庄、乳酪蛋糕、幸运饼干），或者其他类似的有趣事物（交响乐团、太阳系、社区、钟摆）。

可执行的类比

想要改变他人看问题的角度，或者说让他人与你的观点一致，是愿景沟通中一个主要的挑战。短语"从不同角度看问题"带我们回到之前关于架构的讨论当中。想要从不同视角看问题，你的听众就必须重新构建他们的思维模式。这需要洞察力，并且要认同这样一个事实，即观感未来乃至考察我们自己的途径不止一个。

隐喻是种类比，能帮助我们"看见"隐藏在背后的东西。沟通交流专家杰克·马尔科姆（Jack Malcolm）解释道："类比是一种实用的思维捷径，当我们遇到新的陌生局面，需要做出判断时，就能用上它。"[18]（顺便说一句，请注意马尔科姆的话与第7章中提及的一致性原则中的自动行为的捷径如出一辙。因此，尽管效果明显，也要尽量控制使用，当心你使用的类比和隐喻出现"愚蠢的一致性"！）如果使用得当，类比在实现谈话目标、启发别人转变思维方面能起到重要帮助。

举个例子。你是一家医院的负责人，管理着一支医疗团队，这时你想争取一个为新加坡航空公司提供医疗服务的机会。他们首先了解到的是你的服务质量。类比及其生成的意象，就把你想表达的内容呈现出来了，不需要理性地分析，也不需要罗列事实，服务质量的重要性就这样呈现在大家眼前。

英特尔公司采用长期供给高端客户的策略，并不重视微软等大众化的个人电脑市场。公司的思维模式中没有这些；公司策略中就没有"廉价"一词。直到1977年，英特尔高层管理者参加了一个由哈佛商学院教授，同时也是《创新者的窘境》（The Innovator's Dilemma）一书的作者克莱顿·克里斯坦森（Clayton Christensen）举办的研讨会。在那次会上，克里斯坦森解释了一种现象：20世纪70年代传统钢铁工业对小型钢铁企业生产廉价混凝土加固的钢条（钢筋）不屑一顾，但很快企业领导者便对这种态度后悔了，小型钢铁企业发展壮大，进入了高端市场，开始分食他们的市场份额。英特尔首席执行官安迪·格鲁夫（Andy Grove）被这个类比触动了，在会上宣布："如果今天我们失去了低端市场，明天也将失去高端市场。"不久后，英特尔从根深蒂固的思维模式的制约中解放了出来，将营销策略调整为面向低端市场，从而产生了更为经济的赛扬处理器。[19]

这个故事说明，类比能够将人们从旧有框架中解放出来，搭建沟通的桥梁。不要期望根深蒂固的观念体系会轻易消退；我们见过很多公司，固守着过时的观念体系，无视现实的飞速发展。他们需要一个警报，让他们知道是时候醒醒了。已经到了更新深层神经系统通路的紧要关头，该创新思维、重新审视策略和行为了。遗憾的是，通常人们都不情愿改变旧有思维模式，除非危机真的降临。不仅领导者如此，对跟随者而言亦是如此。只要事情仍旧像从前一样继续（即使知道效益将缓慢下滑），许多领导者仍没有危机感，跟随者也很难改变自我。对领导者而言，虽接受过对未来预见力的训练，仍然需要方法来帮助跟随者"看见"不断变化的现状。类比和隐喻都有令人重构思维的功能，英特尔的故事就是很好的例证。

所以说，要把它们作为一项重要的愿景沟通技能来掌握。因此，我们需要强化对愿景的描述，用类比赋予其实际操作性，在汽车、航空公司、球队、动物、流行品牌、城市、企业等各个领域中寻找类比。哪个汽车品牌可以作为我们树立未来目标的隐喻？兰博基尼？特斯拉？丰田？还是宾利？伴随你的联想，更合适的未来选项就可能浮现出来，比如一辆自行车、一辆无人驾驶汽车、一辆混合动力车或一辆达喀尔拉力赛卡车。一旦你发现了恰当的那个，就等于握住了吸引跟随者重构未来意象的钥匙。

让我来给你讲个故事……

逻辑诉求的基础是明确的方向和有效的愿景内容；情感诉求能够激发听众的创造力、画面感和情感关注；而信誉诉求关乎讲话者的品格、可信度和真实性。我们如何进行真实的交流？我们如何将自己的品格和信誉传达给听众？这时候，故事的作用就开始体现出来了。

讲故事的艺术在商业圈越来越受到人们的欢迎，这是有一定原因的。故事包含了许多的价值，能够帮助传达信息、说服别人追随我们的目标。我们都爱听故事。故事能够唤起我们儿时的记忆，让人轻松愉快。童年时，我们就都喜欢听睡前故事，而今天我们花钱去电影院看电影也是因为如此。故事能够带给人启发，情节引人入胜，唤起人们好奇的天性。畅销书作家玛格丽特·帕金（Margaret Parkin）曾说，故事让我们重拾了属于青年人的那份好奇，而且"一旦回到这孩童般的心境中，我们会倾向于接受更多，也对呈现在面前的信息更感兴趣"。[20]因此故事能够让人进入一种探索、思考的状态，这在第7章讲到过。

此外，故事能够传递价值观，并使其具有可行性，便于人们去理解，去信奉。一则好故事通常具备字面意思之外的多重含义。事实上，文化也在通过故事传递、交流它们的价值。约瑟夫·坎贝尔在他的《千面英雄》(*The Hero with a Thousand Faces*)一书中，记录了世界各地神话故事的普遍叙事模式。这些神话珍藏了文化遗产，将其价值观念传给了一代又一代人。

故事也便于记忆。心理学家杰罗姆·布鲁纳（Jerome Bruner）研究得出，将事实融入故事中呈现出来，被记住的概率要比单独罗列高20倍。[21]从个人经验的角度说，我完全赞同他的结论。多年前，我参加了一个旨在增加组织对顾客的关注和成员间亲密度的倡议活动。表面看上去他们做得不错：他们的促销网络运营良好（用一个客户反馈百分比衡量潜在顾客忠诚度）——在平均值之上，但实际上并不客观。我们出示琼斯和斯特拉瑟（Strasser）的研究结果发现，[22]仅仅对产品满意的客户都没有重复购买的倾向，而那些不时收到惊喜或超出预期的服务的客户倾向于忠诚于品牌。我们希望他们读懂这个规律，这样他们就能找到改善、提高的方法。那么他们如何才能不时让顾客收到超出预期的产品呢？

但我们碰到这样一个问题。数据并不令人振奋。大家都同意超出客户预期的表现很重要，但组织领导者不知如何做到。这样的服务让商家感觉像是在履行义务，而不是一个激动的探索过程，这与我们预期的不一样。此时我们进入一个新阶段，我与他们分享了几周前发生的一件趣事。

我4岁的儿子非常爱玩乐高积木。玩过乐高积木的人都知道，它们是摔不碎的。直到有一天，我妻子打扫房间时把一块乐高火车上的积木摔碎了。这块积木对整个模型来说很重要，一旦摔碎，整个火车模型就没法玩了。作为父母，我们通常这样来弥补，去买一套昂贵的新积木，用那一套新的来代替坏掉的，尽管这样有些夸张。我妻子感到无望，于是给乐高客服部打电话，将发生的一切告诉了他们。他们给出了老一套的回应："我们考虑之后给您答复。"我们都不期望收到他们的答复了——我们只是上百万客户中的一个，而且摔坏玩具本身就是我们的错。

3个星期后，我们收到一份信件，收件人一栏写的是我儿子的名字。（4岁的孩子看到有人给他写信，激动之情可想而知！）打开信封，映入眼帘的是美丽的手写字。内容大意说，妈妈摔坏了玩具火车，想必孩子一定很伤心。（在这个计算机如此普及的时代，没人期望过能收到亲笔写的信。）乐高很荣幸能为他提供缺失的那块积木，并随邮件附赠了一块，以免再次缺失。信中还说，看到他这么喜欢乐高，就给他免费订阅了一年的乐高杂志。这个时候，让我们支付替换件的费用加运费我们都不会有意见，但所有的一切都是免费的。我们没有期待乐高在所有事情上都给人惊喜，但这段经历远远超乎我们的预期，极大地提高了作为客户的我们对品牌的忠实度。（我迫不及待地把这个故事分享给全世界的听众——做一次免费公关！）

听完这个故事，执行官们都很激动，惊叹带给顾客超乎预期的服务原来对企业如此重要。他们领会到了我所传达的意义，而且还能说出自己亲身经历的一些类似故事，也跃跃欲试地探索途径，来带给客户同样的惊喜。这个故事与之前提到的研究传达的观点是一致的，但纯理论和实际行为之间的差异是巨大的。

有灵魂的数据

那么我们该如何运用讲故事的艺术，将个人品质、真实性和价值观呈现在生活当中？休斯顿大学研究员、教授布芮尼·布朗（Brené Brown）曾说："故事是有灵魂的数据。通过故事内容呈现的数据能够打动人、激发人付诸行动。"[23]为了使你的愿景沟通更真实可信,你需要完善一种专门的故事体裁——个人轶事。生活中的许多场景都为我们的趣事提供了素材,给予我们智慧,让我们明白很多道理,并记忆犹新,今天仍可以拿出来用。这些经验对我们思考问题的方式和行事风格产生了一定影响——它们展现了我们的价值观、信念和思想。

个人轶事不仅仅是对回忆的深度提炼,它还传达着你的品格。换言之,是它赋予你的故事以灵魂。分享一则有意义的个人见闻能够让你的言辞更加深入人心。毕竟,故事能被记下来都是有一定原因的:你经历过,然后认定了它所具有的重要意义。当你将它再度分享出来,你的情感便会随之释放,你所真正在意的事也将呈现出来。这是一种真诚,会让你和你的故事在不经意间变得更加真实。

一位与我共过事的首席执行官曾经面临一个令人难以接受的困境:公司业绩持续下滑,没有改善的迹象。面对互联网产业的兴起,传统运营模式遭受着巨大挑战。除了削减成本,公司需要从新自我定位,大幅整顿经营模式。而这个过程包含着诸多不确定性,没人敢保证调整后的方向能立刻取得成功。接下来的几年需要投入大量精力、耐力,需要每一个人的支持,尤其是公司领导团队的支持。

首席执行官让我列席了这个预期很重要的会议,在会议上,他将与领导团队分享自己的观点。他一开始便将数据呈现给与会人员,大家频频点头,同意马上进行调整。每个人都了解当前的情况。

但你仍能感觉出来有些信息没有传达到位。团队中仍存在以自我为中心的因素。一位管理者声称自己是企业发展最终的、唯一的推动者。有人抱怨自己部门已在前段时间蒙受了严重削减。还有人说,削减他们部门的市场调查经费等同于把孩子和洗澡水一起倒掉,他领导的具有丰富经验的专家不可能帮助企业扭亏为盈。

他们都懂得削减成本的必要性,但"不是在我的部门"。听上去这是一种混杂着自我防御的内心冲突。他们从理性上了解当前局面,但无法像一个团队那样协作。首席执行官意识到缺乏团队意识将严重阻碍企业改革，因此，他必须让所有人都真实地参与进来。

就在这时，他做了一件漂亮的事。他从自己的电脑硬盘里找出一张自己的照片，是几周前拍的，然后将它投影在背后的大屏幕上。画面中的人神情严峻，眼神中透着迷茫，脸颊上的一道划痕有碍观瞻。看到这张照片，震撼油然而生。尽管投影放大了数倍，我们仍需观察良久才能认出来是他。这照片是几周前拍的，地点是位于芬兰的一个湖泊，他在那里参加了200千米冰上马拉松。这位首席执行官是个滑冰运动爱好者，与几个朋友一起参加了比赛。事实证明，这是场艰难的比赛。他们在黑暗中迷了路。由于冰层不厚、没有事先做好准备，加之天气的寒冷，食物供给不足，事故时有发生。他承认自己几次闪过念头，担心自己无法安全返程，然而最终成功完成了这场探险，原因就是他们成立了一个团队。他们紧紧地靠在一起，为彼此遮挡寒风，搀起摔倒的同伴，等待和帮助彼此。他们牺牲自己的需求，为的是让所有人都扛过去。最后，他说自己很骄傲能够完成这场探险，更庆幸自己遇到这样一个坚定、协作的团队，在这支队伍里，每个人都在遏制利己主义。他确信，大家就是这样挺过来的。

在讲这个故事时，他的眼睛里闪烁着泪光，你能感觉到他真真切切在重温那段感受。故事讲完时，全场鸦雀无声。

这个故事彰显了在关键时刻团队合作无可比拟的重要性。面对压力，他的领导团队中的每一个成员都需要相互奉献、相互扶持，并且克服个人的利己主义。这则个人轶事将他的观点极好地呈现了出来，通篇不含一个论据，毫无造作感。这位首席执行官将他坚持的价值观完美地传达出来，为自己的领导生涯写下了漂亮的一笔。

我鼓励你深入思考个人经历中有价值的故事。去发现那些有纪念意义的瞬间和经验；它们教会了你一些重要的东西，至今仍让你产生着共鸣。也许就是父母在你人生的某个艰难时刻说过的一句话；也许是一场惨痛的失败；也许是曾经的一场虚惊，虽不曾发生，但却教会你面对困难时不要退却；也许是最近你的孩子对你说的某一句话。

试着去发现你对某个故事记忆犹新的原因——这段经历对你而言真正的意义是什么？要诚实准确地回答。不要忘记你积累的教训：你怀抱怎样的期望，出现了怎样的差错，为何出错，以及你从中收获了什么？

当你将一则有意义的个人见闻整合进你所传达的信息里，你在团队中的意见便承载了你的信誉诉求、人格和可信度，也真正将你的故事从一个概念转化为发人深省的实践。

乔布斯和波许

2005年，史蒂夫·乔布斯在斯坦福大学做了一次著名演讲，这场演讲是一个通过故事唤起听众信誉诉求的经典例子。"今天我想向你们讲述我生活中的3个故事。不是什么大不了的事情，只是3个故事而已。"他在演讲的开篇这样说道。他回顾了从里德学院辍学的那段经历，以及如何从中领悟到命运的力量。然后他讲述了遭受苹果公司解聘以及当时的挫败感，但也正是这样，他坚定了一个信念，就是你一定要找到自己热爱的事业。"如果你现在还没有找到，那么继续找，不要停下来，只要全心全意地去找，在你找到的时候，你的心会告诉你的。"演讲的最后一则故事是关于死亡的，他提到一年前他被确诊患有胰腺癌，这件事使他反思了生命中的一次次重要决定。"你们的时间很有限，所以不要将它们浪费在重复他人的生活上。"这一点在他看来毋庸置疑。

这是3个简短的故事，用了不到15分钟时间。乔布斯本可以用充满智慧的语言罗列出一个个要点，整合出清晰的结构，罗列出令人信服的数据，但是他却仅仅讲述了3个故事。每个人都用心去领会，并为之动容。这段演讲至今仍激励着世界上的许多人。他的语言的确富有灵感，但采用个人轶事这种形式表达出来，让人更觉信服。通常演说就是给人建议，但乔布斯升华了它的意义，令其充满激昂的斗志和才华。

兰迪·波许（Randy Pausch）教授曾在卡耐基梅隆大学任教计算机科学、人机互动和设计20多年，其间，他受邀举办了许多场鼓舞人心的演讲。系列演讲的主题与他最后一次演讲的内容不谋而合。2007年8月，就在他准备举办"最后一课"的讲座之前，被诊断出胰腺癌晚期。

2007年9月18日，面对上百名师生，波许展开了他的演讲——《真正实现你的童年梦想》(Really Achieving Your Childhood Dreams)。这场演讲又一次将个人故事的效果发挥到了极致。尽管有悲情的基调，但他极具感召力的演讲——带有令人难以置信的乐观向上风格——成为一场对生命的礼赞。在一个多小时的时间里，他分享了几则人生故事，从他对毛绒玩具的喜爱讲到他早年梦想去迪士尼工作，当一名"梦想工程师"。他分享了自己极具价值的深刻见解和从亲身经历中领悟的教训，谈到了他的成就，以及遭遇的挫折。他的措辞和眼界无不令人信服。

波许总结道："如果你能好好过人生，人生自会为你寻找答案，你的梦想自会实现。"这场演讲在互联网上引发了热议，吸引了上百万人点击观看（也建议你看——保证你绝不会中途关掉），其同名著作和电视节目也同样收到追捧。波许于2008年7月病逝，但他那分享了一件件个人轶事的演讲仍激励着无数人。

愿景清单

我已经提到了许多概念，诸如保健因素、驮马动词、语言、对比原则、隐喻、类比和轶事等；它们都能使你的故事充满灵感，释放听众的想象力，让你的研究变得真实且令人信服。培养这种沟通能力需要反复的练习、实践、反思和总结。构思愿景并不是一蹴而就的事，而是一段需要反复修正的过程，在此过程中要不断整合新见解，果断删除失效的内容，试想将不断变化的实际情况呈现出来，考虑各种未来的情境，用新的语言、隐喻和轶事赋予你的故事以生动性。

然后，你要将你的故事讲给大家听，可能是一个经过了计划的正式活动，如一场年会或季会；也可能是一次突发事件，在某个没有事先告知的情况下要你谈谈自己的看法。这都是展现你领导才能的重要时刻。因为带着些许戏剧性，我们将其称之为"真实的时刻"。是它们决定着你是实现目标还是错失目标。一旦实现目标，你的领导形象便得到了更好的建树；而错失目标将有损领导形象。

如果你充分准备并时常排练讲述自己的故事，当"真实的时刻"来临时，你将很可能发挥出色。路易·巴斯德（Louis Pasteur）有句名言："机会只垂青有准备的人。"因此，在探索愿景沟通的学问时，尽量让它更实用、更贴近生活，多融入自己在"真实的时刻"能用得上的事物。

出发点：内容

愿景从意念状态萌芽。未来愿景的核心内容是什么？你信奉什么，又在前进中主张什么？结果如何（而不是问现在怎样）？为了产生非凡的灵感，请回忆一下我曾鼓励你参与的启动未来的训练。将这些练习作为你领导能力的常规训练，记录时常浮现在头脑中的新奇想法，这将有助于你搭建一个良好的创意工作平台。

几周后，启动未来就能为你带来至少5个甚至更多（10~20个）新奇的想法。考虑这些想法能否对你的组织发展有利。不需将每个想法都付诸实践；从那个能产生最大影响力的开始，你会感受到它们巨大的改变能力，并令跟随者跟你一起行动起来。

将这些不断变化的现实融入你的故事，你需要自信——但记住不可过于自信。释放热情，但不要武断。严格要求自己定期进行情景规划，保持头脑开阔——无论这是否关乎自己的故事。让自己时常为多种未来的可能性做好准备是很有益处的，你越是认真考虑未来，你关于未来的视角就越全面。

一旦头脑中有了愿景的构想，就要适时将它们转化为鼓舞人心的故事。为此，我拟定出来一份清单（如图8-3），按照亚里士多德的修辞学三要素的要求，结合本章上述的思考方法，帮你制定完美的演讲。

图8-3　愿景清单

逻辑诉求

逻辑诉求关乎意义建构。怎样让例子充分可信？别人需要理解它，因此你的内容就需要有意义。问自己如下问题：

- 我的核心观点是什么？我所展望的关键构想和关键变革是什么？
- 如何设计这个极具希望的构想？请牢记，仅凭积极和乐观是不够的（如果与残酷的现实相抵触，会给人不够真诚的感觉），需要有意识地勾勒一个切实的方案。

- 我们周围有何发展动向和趋势——将会怎样——对该方向产生助力作用？
- 为了实现这个愿景，需要做出哪些明确的决定，不需要做哪些决定？
- 如果不向这个方向前进会有什么后果？牢记比较原则。

情感诉求

从今天起，你的愿景就是一个突破。这意味着你将一些人带入了不确定性之中，他们的思维反应有可能是防御性的。因此你需要用实际行动激发他们的热情。你的热情是必不可少的，但你仍需要去发动、去感召（通过你富有独特性的故事）、去鼓舞士气，让他们感觉到归属感和使命感（通过你故事当中深刻的道理）。

- 我的愿景有什么令人激动之处？它如何产生能量？我怎么做能使它更鼓舞人心，更能带给人希望和能量？（这个地方一定要具体地说，不能含糊不清：改变对有些人来说充满恐惧感，因此尽可能明晰地描述你对未来的看法，用真实感吸引他们。）
- 实现愿景之后会发生什么？它将对我的跟随者产生什么影响？
- 哪些形象、暗喻或类比最适合我的愿景？我将如何将它们融入到故事中去？它能产生怎样的正面联想？这些联想将如何帮助人们展望未来？
- 我的愿景是不是与我们的文化、核心价值和目标匹配？它与"我们为何存在"这个问题如何联系？

信誉诉求

最终，信誉诉求帮"你"实现均衡。把你自己带入愿景沟通需要诚实、需要敢于面对自己的弱点。注意，人们很容易便能看穿虚伪；不要一味把故事描述得过于崇高，否则终将破灭。因此，要诚恳地反思你真正在意的问题，通过轶事和故事让自己的愿景贴近真实，在故事中，你就是主角。另外，还要描绘场景，描述故事开端，给涉及的角色取名字，说出你的情绪和感受；换言之，让故事贴近生活。

- 我为何从个人角度如此在乎这个愿景的成败？
- 这个愿景与我个人价值观有何深层关联？
- 哪则轶事——在我过往个人经历中（因私或因公）——能够表达我的关注？我何时何地意识到了这种个人的价值观，它让我学到什么？（3个字，讲故事！）
- 我将做出怎样的个人转变，愿意牺牲什么（或已经牺牲了什么），来让自己从行为上实现这个愿景？我有没有切实的例子可举？
- 怎样的行为、态度或习惯是实现这个愿景需要杜绝的？我如何确保自己能规避这些事物？

到这里，本书已接近尾声。我们从多角度探索了对未来愿景的构思。我希望能够为你提供一些指导方法，因为这是领导力最重要的方面之一——也是没有引起足够理解的一个方面。最后我想说，培养你的预见力需要努力、反复实践和反思。它不是一夜之间能练就的，你也不要去追求不切实际的目标。过于杰出的领导者并不适宜做你的目标和榜样；去观察他们、从中发现线索是一件趣事，但我们都能看出，秋后算账的人有其阴暗面，应当尽量避开这类人。因为他们的自恋和妄自尊大倾向能够干扰你对事实的了解。我们旨在培养负责任的、有远见的领导能力，从很多方面说，这与从单一视角构思愿景相比，更困难也更具挑战。

真正强大的愿景能够给人以方向、富有感召力且真实可信。对于领导者，尤其是那些奋发有为的领导者，它将是一个极具价值的工具，会全面提升领导水平并鼓舞士气。实际上，我们都渴望有目标地生活。如果你处在领导位置上，想令你的跟随者如你一般都活得更有意义、更振奋，希望读完这本书后，你能有所启发。

附 录
策略性调查问卷

通用问题

➤ 对于你所从事的行业（或你感兴趣的领域），有没有3~5年内的发展愿景？
➤ 与今天相比，哪些方面会发生重大变化？
➤ 实现愿景需要哪些突破？
➤ 能否描述你实现愿景的道路上的过渡状态？
➤ 有哪些现存的局限条件将在接下来几年内消失？
➤ 哪些旧有模式将出现革新？

顾客和市场

➤ 在接下来的3~5年内，你的行业将有哪些领域得到发展？

- 你能预测出哪些顾客需求和偏好方面上的转变？
- 这些转变的驱动力是什么？
- 你有没有发现新的顾客群体？有没有觉察到老的顾客群体消失？新老顾客群体间存在怎样的差别？
- 有哪些业内新发展是对顾客有利的？这些发展是否适用于特定的市场领域？
- 成功的公司在接下来的3~5年内会做出哪些正确的决定？失败的公司又会做什么错误的决定？

国际化

- 你能预见哪些地缘上的变化？
- 你计划如何打开美国、欧洲及亚洲市场？
- 哪些因素将推动经济增长，哪些因素将令经济增长放缓？
- 你希望全球在宏观调控、政策法规及实践探索方面发生哪些变化？
- 你站在什么角度预测未来经济？

产业结构和竞争

- 竞争性因素如何影响创新改革？
- 你能预见到怎样的新型竞争者？
- 在接下来的3~5年内，哪类公司能主导市场？
- 5年之后，谁将是你最大的竞争对手，对你构成威胁？

创新

- 在接下来几年内,你能预见到哪些新产品、新服务、新经营理念?它们能否取代或完善现存理念?
- 谁将成为市场上最先接受这些理念的人?
- 这些新产品、新服务、新理念将如何被推入市场?谁将是最早将新型理念投入市场活动的人?
- 市场是否会需要或确立新型经营模式?
- 科技将在你所从事的行业发挥怎样的作用?
- 在接下来的3~5年内,有哪些相关的新型基础性技术能为商业活动注入生命力?

总结

- 放眼未来,你的行业或市场将发生哪些根本性变革?(不要让现实情况阻碍想象力!)
- 一旦发生变革,最大的机遇是什么?
- 你认为当下已牵扯太多精力而实际上并不必要的事物是什么?
- 你能考虑到哪些别人考虑不到的问题?

致 / 谢

首先我想说,如果没有家人的支持,使我专心于写作而暂时免去履行一个父亲的责任,本书是不可能面世的——谢谢你们,我现在要加倍补偿。

总体说来,本书很大程度上得益于吉姆·科恩多年来给我的建议和启发。我要向他致以最诚挚的感谢,我非常珍视与他的友谊。同样地,汤姆·卡明斯(Tom Cummings)在我本人由策略学研究转向领导力研究过程中起到了重要作用。若不是他的支持,热心地把我介绍给他的客户认识,这本书中的许多观点将无从得来。希望我们友谊长存。

感谢我的助手史蒂夫·哈里斯(Steve Harris)为本书的出版做了大量工作。

我的许多同事和朋友也对本书做出了贡献。我要特别感谢珍妮·詹森(Jeanine Jansen)和亚普·德容(Jaap de Jonge),他们审阅了全部书稿并提出了宝贵的修改建议。书中我运用了多个领域的视角看问题,这一切都得益于我曾经遇到或与之共事的才华横溢的人们。是他们帮助我触及从未设想过的领域。以下就是这些优秀

// 预见力 **ANTICIPATE** //

人物的名单，排名不分先后：杰克·平特（Jack Pinter）、尼克·范赫克（Nick Van Heck）、戴维·珀尔、托马斯·坦恩·科滕纳尔（Thomas ten Kortenaar）、艾利森·皮尔斯（Alison Peirce）、乔希·帕特尔（Josh Patel）、保罗·休梅克、布鲁斯·范巴托尔德、迪迪埃·马里耶（Didier Marlier）、伊丽莎白·兰克（Elizabeth Lank）、比阿特丽斯·维尔普勒格（Beatrijs Verploeg）、莉齐·艾伦（Lizzy Allen）、埃里克·沃格特。还有一些人，他们给我机会，让我在其客户面前陈述观点、接受反馈、进行问题碰撞、发现我的盲点，我从中受到很大鼓舞，特别感谢提供此平台的人们，他们是：利（莉）泽特·科恩（Lizette Cohen）、塞尔马（玛）·斯帕斯（Selma Spaas）、萨曼莎·豪兰（Samantha Howland）、格里特·塞尤利尔斯（Griet Cenleers）、玛丽安娜·范伊普伦（Marianne van Iperen）、内尔·希尔德布兰德（Nel Hildebrand）、戴夫·赫克曼（Dave Heckman）、德布·吉芬（Deb Giffen）、斯坦·史蒂夫林克（Stan Steverink）、乔里斯·德布尔（Joris De Boulle）、克莱尔·托林斯（Claire Teurlings）、安杰莉卡·泰森（Angelica Thijssen）、冈卡·博雷克西（Gonca Borekci）、埃森·阿卡伊（Esin Akay）、安娜·奥斯特伦德（Anna Osterlund）、萨斯基亚·沃斯（Saskia Vos）、罗恩·埃廷格（Ron Ettinger），以及其他许多提供给我展示机会的客户。

最后，特别感谢本书的编辑劳伦·斯塔基（Lauren Starkey）和莫德·博韦兰德（Maud Bovelander），他们以宽容的态度对待我手稿中的不足，他们精湛的专业能力令我钦佩；插图作者杰特·史蒂夫林克（Jet Steverink）用她富有创造性的艺术化图表为本书增色不少，还有托恩·史蒂夫林克（Teun Steuerink），为本书制作了精彩视频。

注释

引论

[1] Robert Ajemian, "Where Is the Real George Bush?" *Time*, January 26, 1987, www.time.com/time/magazine/article/0,9171,963342-2,00.html.

[2] "Senate History:George H. W. Bush, 43rd Vice President (1981–1989)," www.senate.gov/artandhistory/history/common/generic/VP_George_Bush.htm.

[3] 关于因布什缺乏预见力而导致的后果，参见 *This Day in Quotes* (博客), www.thisdayinquotes.com/2011/01/george-hw-bush-and-visionthing.html.

[4] John P. Kotter, "What Leaders Really Do," *Harvard Business Review*, May–June,

1990, p. 5.

[5] 遗憾的是，该项研究从观点上袒护了美国企业家。尽管如此，鉴于美国经济在整个20世纪的世界主导地位，仍然有一定可信度，放置于世界环境下同样能够发现成功领导的关键。

[6] Anthony J. Mayo and Nitin Nohria, *In Their Time* (Boston:Harvard Business School Press, 2005), p. 354.

[7] Arie de Geus, *The Living Company* (Boston:Harvard Business School Press, 1997), pp. 2-3.

[8] 此外，就其他三点因素对这些组织进行了描述，分别是：1）强烈的自我意识，2）对边缘行为的容忍度，3）在融资方面的保守主义。见de Geus, *The Living Company*, pp. 4-5.

[9] McKinsey Interview, "Bill George on Rethinking Capitalism," December 2013, www.mckinsey.com/insights/leading_in_the_21st_century/bill_george_on_rethinking_capitalism.

[10] Dominic Barton and Mark Wiseman, "Focusing Capital on the Long Term," *Harvard Business Review,* January-February 2014, pp. 45-51.

[11] "Short-Termism Has Been 'Hugely Damaging' for Banks, Says Sir David Walker," *The Telegraph,* September 12, 2012.

[12] Adi Ignatius, "Captain Planet:An Interview with Paul Polman," *Harvard Business Review,* June 2012, pp. 112-118.

[13] Francois Brochet, George Serafeim, and Maria Loumioti, "Short-Termism: Don't Blame Investors," *Harvard Business Review,* June 2012.

[14] McKinsey Interview, "Bill George on Rethinking Capitalism."

第1章　基本原理

[1] Abraham Zaleznik, in a 1992 retrospective commentary on his 1977 HBR article "Managers and Leaders:Are They Different?" in "Leadership Insights," *Harvard Business Review,* 2010, p. 19.

[2] Warren Bennis, "Introduction to the Revised Edition, 2003," in *On Becoming a Leader* (New York:Basic Books, 2009), p. xxxiv.

[3] Abraham Zaleznik, "Managers and Leaders:Are They Different?"*Harvard Business Review*, May-June 1977.

[4] 同上。

[5] John P. Kotter, "What Leaders Really Do," *Harvard Business Review*, December 2001.

[6] 凯文·B.洛（Kevin B. Lowe）和威廉·L.加德纳（William L. Gardner）分析了2001年《领导力季刊》（*Leadership Quarterly*）中一篇研究性文章的内容，发现其中变革型领导占三分之一。

[7] Peter G. Northouse, *Leadership:Theory and Practice* (Thousand Oaks, CA:Sage Publications, 2012), p. 172.

[8] 同上。p. 186.

[9] Kotter, "What Leaders Really Do."

[10] Aristotle, *Rhetoric*, trans.W. Rhys Roberts, The Internet Classics Archive, http://classics.mit.edu/Aristotle/rhetoric.mb.txt.

[11] Michael Maccoby, "Narcissistic Leaders," *Harvard Business Review*, January-February 2000.

[12] 同上。

[13] A.Grzybowski and P. Aydin, "Edme Mariotte (1620-1684):Pioneer of Neuro-

physiology," *Survey of Ophthalmology*, July-Aug 2007.

第2章 开发你的想象力

[1] 我不知道这个故事是否真实。我从别人口中听到，别人也是听说的。我不禁感叹，好故事都是源于真实生活的。因此，如果你是爱德华·德博诺，把它想成自己开创性的出色作品。如果你不是爱德华·德博诺（有可能是……），把事实放在一边，先享受这个故事。记住，我们在施展想象力。

[2] Abraham Zaleznik in a 1992 retrospective commentary on his 1977 HBR classic "Managers and Leaders:Are They Different?"in Leadership Insights, *Harvard Business Review*, 2010, p. 19.

[3] Michael S. Sweeney, *Brainworks:The Mind-Bending Science of How You See, What You Think, and Who You Are* (Washington, D.C.:National Geographic, 2011), p. 170.

[4] Fred Polak, *The Image of the Future* (Amsterdam:Elsevier, 1961), p. 19.

[5] 同上。p. 5.

[6] J. Davies, C. Atance, and G. Martin-Ordas, "A Framework and Open Questions on Imagination in Adults and Children," *Imagination, Cognition, and Personality* 31, no. 1-2, 2011, pp. 143-157.

[7] James L. Adams, *Conceptual Blockbusting:A Guide to Better Ideas* (New York:Basic Books, 2001), p. 8.

[8] J. Edward Russo and Paul J. H. Schoemaker, *Winning Decisions* (New York:Doubleday, 2002), p. 21.

[9] 弗雷德会见的这个朋友不是男性,而是一位女士,这个小女孩的母亲。他们都叫苏珊。

[10] 以色列裔美籍心理学家丹尼尔·卡尼曼展现了人类的固有的非理性因素,并因在此领域的成果获得了2002年诺贝尔奖。他毕生研究成果都凝结在了著作 *Thinking, Fast and Slow* (New York: Farras, Straus and Giroux, 2011).

[11] Steven D. Levitt and Stephen J. Dubner, *Freakonomics* (New York: William Morrow and Company, 2005).

[12] Sweeney, *Brainworks*, pp. 7-9.

[13] Robert Reich, "Alan Greenspan by Robert Reich," *The Guardian*, January 16, 2009, www.guardian.co.uk/world/2009/jan/17/george-bush-alan-greenspan.

[14] Scott Lanman and Steve Matthews, "Greenspan Concedes to 'Flaw' in His Market Ideology," *Bloomberg*, October 23, 2008, www.bloomberg.com/apps/news?pid=newsarchive&sid=ah5qh9Up4rIg.

[15] Leon Festinger, *A Theory of Cognitive Dissonance* (Palo Alto, CA: Stanford University Press, 1957).

[16] Paul B. Carroll and Chunka Mui, "Seven Ways to Fail Big," *Harvard Business Review*, September 2008.

[17] Adam Waytz and Malia Mason, "Your Brain at Work," *Harvard Business Review*, July-August 2013.

[18] Edward de Bono, *The Use of Lateral Thinking* (New York: Penguin Books, 1971).

[19] Jeff Jarvis, *What Would Google Do*? (New York: CollinsBusiness, 2009).

[20] 我有意的将话题清晰地转向苹果公司,因为它一直宣扬自己与众不同的思维,但这是一种个人偏好。从技术上来说,苹果做到了。

[21] W. Chan Kim and Renée Mauborgne, *Blue Ocean Strategy* (Boston: Harvard

Business School Press, 2005).

［22］当然，读者觉得本书有趣，就会买一本；这篇简短的总结与《蓝海战略》中的构想是不同的。

［23］"Hotel Concept," www.citizenm.com/hotel-technology-concepts.

第3章　开发你的愿景能力

［1］Sooksan Kantabutra and Gayle C. Avery, "Follower Effects in the Visionary Leadership Process," *Journal of Business & Economic Research* 4, no. 5, May 2006.

［2］Steven Johnson, *Where Good Ideas Come From:The Seven Patterns of Innovation* (New York:Penguin Books, 2010), p. 35.

［3］Robert Mottley, "The Early Years:Malcom McLean," *American Shipper*, May 1, 1996.

［4］Anthony J. Mayo and Nitin Nohria, *In Their Time* (Boston:Harvard Business School Press, 2005), p. 203.

［5］"Leading in the 21st century:An interview with Ford's Alan Mulally," *McKinsey Quarterly*, November 2013.

［6］同上。

［7］Jerker Denrell, "'Experts' Who Beat the Odds Are Probably Just Lucky," *Harvard Business Review*, April 2013.

［8］将2×2矩阵简化为研究者和顾问容易接受的形式非常有必要，亚历克斯·洛伊（Alex Lowy）和菲尔·胡德（Phil Hood）在他们卓有见识的*The Power of the 2×2 Matrix*一书中解释道，这本书提供了45个设计精良的框架，代替了2×2模型。"这个矩阵对实现平衡和清晰非常有帮助。我们将它视为一个三

角凳的一条腿。矩阵的形式需要用系统方法展开运用,其中理性和专业技能必不可少。2×2模型将形式、方法和对技能的掌握结合在了一起。从更全面的角度设想各种可能性,拟定解决方案,这就是前微软研究院首席研究员比尔·巴克斯顿(Bill Buxton)所称的惊人的显而易见。"见 *The Power of the 2×2 Matrix* (San Francisco:Jossey-Bass, 2004), p. 4.

[9] Paul Smith, *Lead with a Story* (New York:AMACOM, 2012), p. 19.

[10] Ellen Langer, Mindfulness (Cambridge, MA:Da Capo Press, 1989), p. 85.

[11] Eileen C. Shapiro, *Fad Surfing in the Boardroom* (Cambridge, MA:Perseus Publishing), 1996, back cover.

[12] *The Selfish Cynic* (blog), http://sethgodin.typepad.com/seths_blog/2013/10/the-selfish-cynic.html.

[13] Global Information Industry Center, "How Much Information: 2010 Report on Enterprise Server Information," January 2011.

[14] Malcolm Gladwell, "Blowing Up," *The New Yorker*, April 2002.

[15] Sigmund Freud, *On Sexuality:Three Essays on the Theory of Sexuality and Other Works* (New York:Penguin, 1905), pp. 362–362.

[16] Michael Maccoby, "Narcissistic Leaders," *Harvard Business Review*, January-February 2000.

[17] 同上。

[18] Walter Isaacson, *Steve Jobs* (New York:Simon & Schuster, 2011).

[19] Maccoby, "Narcissistic Leaders."

第4章　及早发现

［1］这大概要算是史上最不幸的引用了。经常被使用在预言将要发生不幸的语境中，肯·奥尔森指的是使用计算机管理家用电器和设施，包括灯、声音、自动门等。然而，经时间证明，这是错的。奥尔森最为人所知的贡献是：他是创新的催化剂，1986年被《财富》杂志列为美国最成功企业家，在麻省理工学院2011年列出的世界150个创新人物中名列第六。

［2］Warren Bennis, "Introduction to the Revised Edition, 2003," in *On Becoming a Leader* (New York:Basic Books, 2009), p. xxvi.

［3］Warren G. Bennis and Robert J. Thomas, *Geeks and Geezers:How Era, Values, and Defining Moments Shape Leaders* (Boston:Harvard Business School Publishing, 2002).

［4］Dr. James P. Keen is professor emeritus and former chief academic officer at Antioch College in the United States and coauthor of *Common Fire:Leading Lives of Commitment in a Complex World* (Boston:Beacon Press, 1997) and *Leadership Landscapes* (London:Palgrave Macmillan, 2008).

［5］W. Chan Kim and R. Mauborgne, *Blue Ocean Strategy* (Boston:Harvard Business Review Press, 2005).

［6］Bronwyn Fryer and Thomas A. Stewart, "Cisco Sees the Future," *Harvard Business Review*, November 2008.

［7］Sreedhari Desai and Francesca Gino, "Defend Your Research:Adults Behave Better When Teddy Bears Are in the Room," *Harvard Business Review*, September 2011, pp. 30-31.

［8］同上。

［9］A. G. Greenwald, M. R. Banaji, and L. A. Rudman, "A Unified Theory of Implicit

Attitudes, Stereotypes, Self-Esteem, and Self-Concept," *Psychological Review* 109, no. 1, 2002.

[10] J. A. Bargh, M. Chen, and L. Burrows, "Automaticity of Social Behavior:Direct Effects of Trait Construct and Stereotype Activation on Action," *Journal of Personality and Social Psychology* 71, 2 , 1996.

[11] 感谢我的好友汤姆·卡明斯，在我们最初共同研究这些材料时，他首先想到了这个词："美好的旧时光。"

[12] 这一观点表明，目前旨在为家用太阳能板提供补贴，代替电池的政策不足以解决当今我们面临的持续挑战。

[13] Wayne Burkan, *Wide Angle Vision* (New York:John Wiley & Sons, 1996).

第5章　串连要点

[1] Miles D. White, "The Reinvention Imperative," *Harvard Business Review*, November 2013, p. 42.

[2] Stefaan Michielsen and Michael Sephiha, *Bankroet* (BrusselsTielt:Lannoo-de Tijd, 2009), p. 58.

[3] 后经证实，其他两派为苏格兰皇家银行。但在当时，奥赛尔对此进行了保密。Michielsen and Sephiha, Bankroet, p. 62.

[4] *The Black Swan* (New York: Random House, 2007)一书的作者Nassim Nicholas Taleb指出了意识到高度不可能事件的影响的重要性，他用黑天鹅来隐喻这个重要性，天鹅不可能都是白色的，直到人们发现……

[5] Leon Festinger (1957), Fritz Heider (1946), and Theodore Newcomb (1953) provide the

earliest theories in how the desire for consistency acts as a motivator for behavior.

[6] Robert B. Cialdini, *Influence:Science and Practice* (Harlow:Pearson Education Limited, 2014), p. 60.

[7] 同上。p. 58.

[8] R. H. Fazio, J. Blascovich, and D. M. Driscoll, "On the Functional Value of Attitudes," *Personality and Social Psychology Bulletin* 18, 1992, pp. 388–401.

[9] Andrei Shleifer, *Inefficient Markets* (New York:Oxford University Press, 2000), p. 2.

[10] Michael Jensen, "Some Anomalous Evidence Regarding Market Efficiency," *Journal of Financial Economics* 6, 1978, pp. 95–101.

[11] Dan Ariely's *Predictably Irrational* (New York: HarperCollins Publishers, 2008) 很容易找到. Daniel Kahneman, Paul Slovic, and Amos Tversky's *Judgment Under Uncertainty: Heuristics and Biases* (Boston: Cambridge University Press, 1982) 堪称经典。

[12] Max H. Bazerman and Michael D. Watkins, *Predictable Surprises* (Boston:Harvard Business School Press, 2008), p. 159.

[13] J. Edward Russo and Paul J. H. Schoemaker, *Winning Decisions* (New York:Doubleday, 2002).

[14] Marc Alpert and Howard Raiffa, "A Progress Report on the Training of Probability Assessors," in Daniel Kahneman, Paul Slovic, and Amos Tversky, *Judgment Under Uncertainty:Heuristics and Biases* (CambridgeBoston:Cambridge University Press, 1982), pp. 294-305.

[15] Ellen J. Langer, "The Illusion of Control," *Journal of Personality and Social Psychology* 32, no. 2, August 1975, pp. 311-328.

[16] Robert J. Shiller, *Irrational Exuberance* (Princeton, NJ:Princeton University Press,

2000), p. 144.

[17] J. Edward Russo and Paul J. H. Schoemaker, "Managing Overconfidence," *Sloan Management Review* 33, no. 2, Winter 1992, p. 11.

[18] "Pierre Wack," *The Economist*, August 29, 2008, www.economist.com/node/12000502.

[19] Tim Hindle, *The Economist Guide to Management Ideas and Gurus* (London:Profile Books, 2008), pp. 317-318.

[20] Napier Collyns and Hardin Tibbs, "In Memory of Pierre Wack," *Netview:Global Business Network News* 9, no. 1.

[21] 想更系统地了解情景规划，我推荐Kees van der Heijden的*Scenarios: The Art of Strategic Conversation* (New York: John Wiley, 1996)，以及Paul J. H. Schoemaker与Robert E. Gunther合著的*Profiting from Uncertainty: Strategies for Succeeding No Matter What the Future Brings* (New York: Free Press, 2002).

[22] Kees Vvan der Heijden, *Scenarios:The Art of Strategic Conversation* (New York:John Wiley, 1996), p. 17.

[23] 同上。18-19页。

[24] André Bénard, "World Oil and Cold Reality," *Harvard Business Review*, November–December 1980.

[25] 弗雷德·古德温，苏格兰皇家银行首席执行官，2004年由于身上体现出的英国传统及成就被授予爵士头衔。后由于在英国历史上最大的银行业危机事件中表现不佳，该头衔于2012年2月被取消。

[26] Irving, L. Janis, "Groupthink," *Psychology Today* 5, no. 6, November 1971, pp. 43-46, 74-76.

[27] Michielsen and Sephiha, *Bankroet*.

［28］Nita Sachan and Charles Dhanaraj, "Organizing for Innovation at Glenmark (A)," Indian School of Business, June 30, 2013.

［29］Nita Sachan and Charles Dhanaraj, "Organizing for Innovation at Glenmark (B)," Indian School of Business, June 30, 2013.

［30］Clay Chandler, "Leading in the 21st Century: An Interview with Chanda Kochhar," *McKinsey & Company*, September 2012.

第6章　你的愿景

［1］Warren Bennis, "Introduction to the Revised Edition, 2003," in *On Becoming a Leader* (New York: Basic Books, 2009), p. xxv.

［2］同上。xxviii页。

［3］John P. Kotter, "What Leaders Really Do," *Harvard Business Review*, May–June, 1990.

［4］Geraldine Brooks, "Unfinished Business," *The New Yorker*, October 17, 2005.

［5］Thomas J. Pritzker, "2003 Ceremony Speech," www.pritzkerprize.com/2003/ceremony_speech2b.

［6］Katarina Stübe and Jan Utzon, *A Tribute to Jørn Utzon's Sydney Opera House* (Potts Point, NSW: Reveal Books, 2009), p. 87.

［7］"Utzon Family Message: A Word from Jan Utzon," http://jornutzon.sydneyoperahouse.com/family_message.htm.

［8］Stübe and Utzon, *A Tribute to Jørn Utzon's Sydney Opera House*, p. 129.

［9］"Leading in the 21st Century: An Interview with Ford's Alan Mulally," *McKinsey*

Quarterly, November 2013.

[10] Daniel Goleman, "What Makes a Leader?" *Harvard Business Review*, January 2004; *Emotional Intelligence* (New York:Bantam Books, 1995).

[11] Bill George, Peter Sims, Andrew N. McLean, and Diana Mayer, "Discovering Your Authentic Leadership," *Harvard Business Review*, February 2007.

[12] 同上。p. 130.

[13] Warren G. Bennis and Robert J. Thomas, "Crucibles of Leadership," *Harvard Business Review*, September 2002.

第7章 有意识的行为

[1] Robin R. Vallacher and Daniel M. Wegner, *A Theory of Action Identification* (London:Psychology Press, 1985).

[2] For the original story behind Solar Roadways, see http://www.youtube.com/watch?v=KYizzYMr5Y8.

[3] Ellen Langer, *Mindfulness* (Cambridge, MA:Da Capo Press, 1989), pp. 16–17.

[4] 同上。pp. 9-18.

[5] Robert B. Cialdini, *Influence:Science and Practice*, 5th ed.(Harlow:Pearson Education Limited, 2014).

[6] Langer, *Mindfulness*, p. 44.

[7] Cialdini, *Influence:Science and Practice*, pp. 65–73.

[8] Jonathan L. Freedman and Scott C. Fraser, "Compliance Without Pressure:The Foot-in-the-Door Technique," *Journal of Personality and Social Psychology* 4,

1966, pp. 195–203.

[9] Ellen Langer, *The Power of Mindful Learning* (Cambridge, MA:Da Capo Press, 1997), p. 5.

[10] John D. Rockefeller, *The Second American Revolution:Some Personal Observations* (New York:Harper & Row, 1973).

[11] George Loewenstein, "The Psychology of Curiosity:A Review and Reinterpretation," *Psychological Bulletin* 116, no.1, 1994, pp. 75–98.

[12] William James, *The Sentiment of Rationality* (Cambridge, MA:John Wilson and Son, 1897) p. 63.

[13] Eric E. Vogt, Juanita.Brown, and David.Isaacs, *The Art of Powerful Questions:Catalyzing Insight, Innovation, and Action* (Mill Valley, CA:Whole Systems Associates, 2003).

[14] With many thanks to Frank Barrett, Ron Fry, and Herman Wittockx, *Appreciative Inquiry: het Basiswerk* (Tielt:Lannoo Campus, 2012).

[15] Daniel Kahnemann, Dan Lovallo, and Olivier Sibony, "Before You Make That Big Decision," *Harvard Business Review*, June 2011.

第8章 激励跟随者

[1] Adam Waytz and Malia Mason, "Your Brain at Work," *Harvard Business Review*, July-August 2013.

[2] "Leading in the 21st Century:An Interview with Ford's Alan Mulally," *McKinsey Quarterly*, November 2013.

［3］ Jim Collins, *Good to Great* (New York:Harper Business, 2001), pp. 83-85.

［4］ 同上。

［5］ Viktor E. Frankl, *Man's Search for Meaning* (Boston:Beacon Press, 2006).

［6］ Collins, *Good to Great.*

［7］ Garry Wills, *Lincoln at Gettysburg:The Words That Remade America* (New York:Simon & Schuster, 1992), p. 20.

［8］ "Times Topic:Gettysburg Address," *The New York Times*, http://topics.nytimes.com/top/reference/timestopics/subjects/c/civil_war_us_/gettysburg_address/.

［9］ With thankful appreciation to David Pearl, who created this comparison on his wonderful blog ("The Gettysburg Address?Speech?Pitch?Promo?"*The Change Gamer's Blog*, http://davidpearl.net/2013/11/the-gettysburg-address- speech-pitch-promo/).

［10］ Elizabeth F. Loftus and John C. Palmer, "Reconstruction of Automobile Destruction:An Example of the Interaction Between Language and Memory," *Journal of Verbal Learning and Verbal Behavior* 13, 1974, pp. 585-589.

［11］ "The Story of a Sign by Alonso Alvarez Barreda," Purplefeather, June 17, 2011, http://www.youtube.com/watch?v=HX5aRzXUzJo.

［12］ Robert B. Cialdini, *Influence:Science and Practice*, 5th ed.(Harlow:Pearson Education Limited, 2014).

［13］ Daniel Kahneman and Amos Tversky, "Choices, Values, and Frames," *American Psychologist* 39, no. 4, 1984, pp. 341-350.

［14］ "The Uses (and Abuses) of Influence:Interview with Robert Cialdini," *Harvard Business Review,* July-August 2013, pp. 76-81.

［15］ George Lakoff and Mark Johnson, *Metaphors We Live By* (Chicago:University of

Chicago Press, 2003).

[16] Adam Waytz and Malia Mason, "Your Brain at Work," *Harvard Business Review*, July–August 2013.

[17] Robin Higie Coulter and Gerald Zaltman, "Using the Zaltman Metaphor Elicitation Technique to Understand Brand Images," *Advances in Consumer Research* 21, 1994, pp. 501–507.

[18] Jack Malcolm, "Analogies Are Powerful," *Practical Eloquence* (blog), http://jackmalcolm.com/blog/2013/05/analogies-are-powerful/.

[19] Giovanni Gavetti and Jan W. Rivkin, "How Strategists Really Think: Tapping the Power of Analogy," *Harvard Business Review*, April 2005.

[20] Margaret Parkin, *Tales for Change: Using Storytelling to Develop People and Organizations* (London: Kogan Page, 2010), p. 37.

[21] Richard Maxwell and Robert Dickman, *The Elements of Persuasion* (New York: HarperCollins Publishers, 2007), p. 125.

[22] T.O. Jones and W. E. Sasser Jr., "Why Satisfied Customers Defect," *Harvard Business Review*, November 1995, pp. 88–100.

[23] Brené Brown, "The Power of Vulnerability", TEDx, June 2010, http://www.ted.com/talks/brene_brown_on_vulnerability.html.